アフガン編みいろいろ
シングルフックとダブルフック

林 ことみ

Tunisian Crochet
Single & Double ended crochet hook

文化出版局

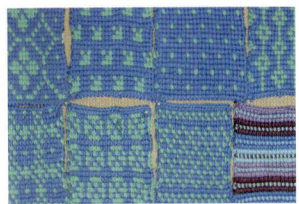

アフガン編みまたはチュニジアンクロッシェ

　アフガン編みとの最初の出会いは学生時代のことです。それまで棒針編みもかぎ針編みも一応マスターしていましたが、この編み物は初めてでした。母に習ってすぐに編めるようになり、作ったのが編込み模様のセーターです(45ページ)。編み地1目が縦長になることに気づかず、予定していたイメージと違ってしまったのですが、けっこう愛用しました。その後は私自身のアフガン熱もすっかり冷めて、雑誌でも見かけなくなりました。

　でも、あの簡単でしっかりした編み地は忘れられず、海外の本で編み方を探してみましたら、チュニジアンクロッシェと呼ばれていることがわかりました。この楽しい編み物をなんとか復活させたいと思っていたところ、2008年のノルディックニットシンポジウムのコースにチュニジアンクロッシェを見つけ、わくわくしながら出かけました。

　70歳になるというソルヴァの講習はサービス精神に満ちあふれ、あれもこれも、と教えてくれました。中でも「では輪に編みましょう」と彼女が言ったときの、私を含めて全員が「え～!」と反応した驚きは今でも昨日のことのように思い出されます。彼女から配られた針は両端にフックがついていました。日本にもダブルフックアフガン針のあることは知っていましたがまったく縁がありませんでしたし、寡聞にして本でも見たことがありませんでした。でもその編み方の面白いこと! 参加者たちはすっかり夢中になってしまいました。

　帰国後、手芸用品メーカーに提案して新生ダブルフックアフガンクロッシェが生まれました。そしてこのたびノルウェーで習った編み地と手持ちの洋書をじっくり調べて見つけた編み地をいろいろな作品にすることができました。ソルヴァと彼女を講師に呼んでくれたオーガナイザーのインゲ、そして針を作ってくださったクロバー株式会社に感謝します。

写真上から ＊2008年トロンハイムでのワークショップ風景。右に立っている女性が講師のソルヴァ ＊ソルヴァが編んだ両面編みのサンプル ＊編込み柄の編み地サンプル ＊多色づかいの編込みも楽しい ＊ソルヴァの作品。ダブルフックを使えばこのような帽子も編める ＊教室の入り口にかけられた目印は「アフガン編み」の意味。ソルヴァが編んだもの

contents

- 04 アフガン編みとは？
- 05 **シングルフックの基本編み**
- 08 **ダブルフックの基本編み（輪編み）**
- 10 ダブルフックで段染めベレー帽
- 11 シンプル編み地のルームシューズ
- 12 麻糸と裂き布でカジュアルなマット
- 13 ソフトタッチのバスケット
- 14 **両面編み**
- 16 どちらがお好き？ リバーシブルの鍋つかみ
- 17 リバーシブルのネックウォーマー
- 18 **1目ゴム編み、かのこ編み**
- 20 縁編みに工夫のハンドウォーマー
- 21 ダブルフックでシンプル靴下
- 22 変りリブのとんがり帽子
- 23 チンギスハーンもお気に入り？
- 24 キラキラハンドウォーマー
- 25 かのこ編みの小さなバッグ
- 26 パッチワーク風ミニケープ
- 28 **長編み、すじ編み**
- 30 長編みのミニマフラー
- 31 フェルティングバッグ
- 32 着こなし自在のボレロ
- 34 **ツイル編み、クロス編み**
- 36 布地のような編み地の飾りつきキャップ
- 37 ペーパーヤーンの小さな物入れ
- 38 ポンポンがほほえましいチェアカバー
- 39 おそろいのチェアマット
- 40 クロス編みで靴下も
- 41 **How to Make**
- 70 かぎ針編みの基本テクニック

アフガン編みとは？

　日本での呼び名はアフガン編みが一般的ですが、海外ではチュニジアンクロッシェと呼ばれることが多い編み物で、伸縮性の少ない、しっかりした編み地が特徴です。編み方は棒針編みとかぎ針編みがミックスしたような感じですが、どちらの編み方とも違う点があります。それは編み目1段が2種類の編み方をすることで成り立っているという点です。まずフックに糸をかけながら編み進みますが、1目ずつ編み上げるのではなく、針に目をかけたまま編み進むのが特徴です。このときの糸のかけ方の違いで模様ができます。目が針にかかった状態では編み目になりませんので、これを1目ずつの編み目にするために、鎖編みの要領で針にかかった目を1目ずつまとめます。針にかかった目をすべてまとめたところで1段が編み終わります。

　一般的には針にかける編み方の部分を「往き目」、まとめ編みの部分を「戻り目」（シングルフックの場合）または「追い目」（ダブルフックの場合）と呼びます。本書では「戻り目」または「追い目」を「まとめ編み」と呼ぶことにしました。他誌などとは名前が違いますが、シングルフックとダブルフックで呼び名を変える必要がないことと、編み手の気持ちとしての名前にふさわしいと考えたからです。「往き目」の記号は棒針編みやかぎ針編みの記号と同じです。「まとめ編み」の記号は「往き目」の記号がなんであれ、常に同じ記号、同じ編み方です。

Simple Tunisian stitch

シングルフックの基本編み

フックが片方だけについているアフガン針で平らに編む基本の編み地（表編み）。アフガン編みの基本になる。もちろんダブルフックアフガン針でも同じ方法で編める。

This stitch is worked with a Tunisian single hook crochet which is longer than usual crochet hook.
You can also make the same stitch with a Tunisian double ended crochet hook.

1段め往き目の編み方　First row "forward"

1　鎖編みで必要な作り目数を編む
Make a length of chain with the required number.

2　針にかかった目から二つめの鎖の裏ループにフックを差し込んで糸をかける
Insert hook into back loop of 2nd chain from hook and yarn round hook.

3　2でかけた糸を引き抜く（目を拾う）と1目ができるが、目はそのまま針にかけたまま次の目を拾う
Draw the loop through the chain. Leaving all loops on the hook.

まとめ編み（戻り目）の編み方（すべての段で同じ編み方）
The way of "return",
this way is the same on every return row.

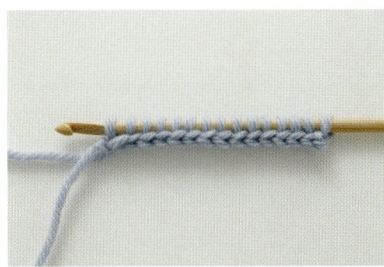

4　2、3を繰り返して、すべての鎖目から目を拾う
Repeat 2, 3 to end, without turning the work.

5　最初の1目はフックに糸をかけて1目分だけ糸をくぐらせる
Yarn round hook, and draw through first loop on hook.

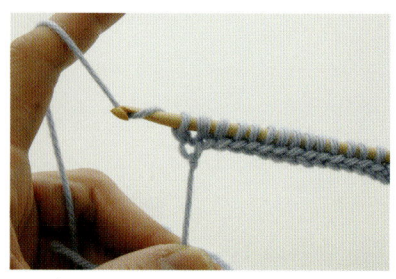

6 次の目からはフックに糸をかけたらその糸をフックにかかった2目の間にくぐらせる
Yarn round hook, draw through 2 loops on hook.

7 6の要領で残りの目を同じように最後まで編む
Repeat 6 to end.

2段め以降の往き目の編み方　After 2nd. row : forward

8 2段め以降は下段の目にフックを差し込み、糸をかけ、1段めと同じように引き抜いて目を作っていく
After the 2nd row, insert hook into vertical loop of under row, yarn round hook, draw loop through, repeat to end.

9 最後の1目手前まで目を拾ったところ。最後の目は拾い忘れがちなので注意する
Don't forget insert hook into the last vertical loop of under row.

伏止めの方法　Bind off

1 鎖1目編んだら往き目と同じように下段の目にフックを差し込み、糸をかけたらフックにかかった2目を引き抜く。次も同様に下の段の糸にフックを差し込んで糸をかけ、2目を引き抜く。これを繰り返す
Make 1 chain, insert hook into vertical loop of under row, yarn round hook, draw 2 loops through, repeat to end.

2 シングルクロッシェで編んだ表編みの編み地の出来上り
Simple Tunisian stitches.

減し目　Decrease

往き目のときに減し目をする。一般的なかぎ針編みと同じ。
Decrease on forward, the same way as usual crochet technique.

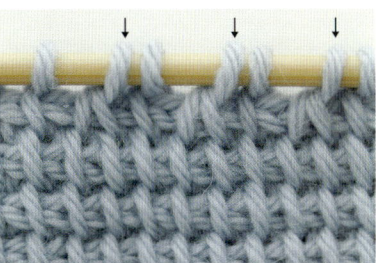

1　下段の2目に一度に針を差し込む
On forward row, insert hook through next 2 loops together.

2　針にかかった2目の間に糸を引き抜くと2目が1目になり、1目減し目ができたことになる
Yarn round hook, draw through 2 loops on hook together.

3　印の目が減し目したところ。まとめ編み（戻り目）は基本編みと同じ編み方で戻ってくる
Maked stitches are decreased stitches.

増し目　Increase

増し目の方法は幾つかあるが、ここではいちばん簡単な方法をご紹介。目と目の間に新しい目を作ることで増し目をする。
Make a new stitch between stitches.

1　下段の目と目の間にフックを差し込んで糸を引き出して目を作る
Insert hook between 2 stitches of under row, yarn round hook, draw through 1 loop on hook.

2　1目が増えた状態
Marked stitch is increased stitch.

●シングルフック　長さ33cm。5、6、8、10、12、15号（数字が大きくなると太くなる）

●ダブルフック　長さ15cm。6、8、10、12号（数字が大きくなると太くなる）

↑
☆マークがある

Simple Tunisian Crochet in the round

ダブルフックの基本編み

両方のフックを使うことで輪に編むことができたり、リバーシブル編み(両面編み・15ページ)が簡単にできる。
編み方自体はシングルフックの基本編み(5〜7ページ)と同じ。糸は2本使用。

You can work in the round or the double faced pattern using the double ended crochet hook and the two colors of yarn. The way to work is the same as the single stitch(5〜7page).

輪に編む方法 The way to crochet in the round

シングルフックでは、往き目を編んだら、まとめ編みは戻り目とも言われるように戻ってくるが、
輪に編む場合は、まとめ編みを往き目と同じ方向に編む。色の組合せが楽しめる。

The way to work in the round. In this case, you work "forward" and "return" in the same direction. You can enjoy the color coordinate.

編み方／往き目はA色、まとめ編みはB色で編む
Using color A for "forward" and color B for "return".

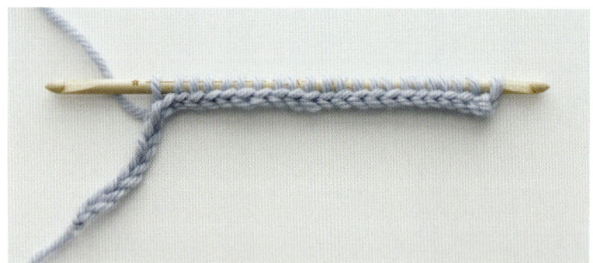

1 A色(メインカラー)を使って鎖編みで作り目をし、1段めの往き目を編む(☆マークのあるほうのフックを使う)
Make a length of chain with the required number of stitches by color A (main color) and work "forward", using the hook marked star.

2 往き目を途中まで編んだら反対側のフックを使ってB色(サブカラー)で往き目が2、3目残るぐらいまでまとめ編みをする
After work part of the way bout 2/3, turn the work, next work "return" using the opposite hook and color B (sub color) till 2, 3 stitches be left.

3 持ち替えて☆マークのフックで往き目を編み、作り目を編んだら最初の目(↓)にフックを差し込んで編む。これで輪になる
Turn the work and go on with "forward" to the last stitch, next insert the hook into the first stitch(↓) and make the circle.

4 2と同じようにA色の目が2、3目残るまでB色でまとめ編みをする。
Work the same way as 2.

5 A色で往き目、B色で追いかけるようにまとめ編みを繰り返す
Go on with "forward" using color A, and "return" using color B.

鎖編みの作り目を輪に引き抜いて編み始める方法もある
Another way to start. Make a circle of chain with the required number of stitches.

伏止めの方法　Bind off

1 まとめ編みを最後まで編んだら糸を切ってループを抜き、A色で2目往き目を編む
After finishing the last row "return", cut color B yarn and through away, next make 2 stitches with color A.

2 基本の表編みと同様に伏止めをする（6ページ）
Bind off as same as the way of the single stitch (6page).

3 伏止めが終わったところ。糸を切る
Bind off is finished, Cut the yarn.

4 とじ針で鎖目になるように糸を渡す。作り目の糸端も同じように糸を渡して輪にする
Using the tapestry needle through the yarn into the last stitch like making chain stitch. Sew under chain like this.

ダブルフックで段染めベレー帽 →編み方46ページ

同じ段染め糸2本でぐるぐる編むと不思議な色が生まれます。コートに合わせて好きな色で作ってみたい。

シンプル編み地のルームシューズ →編み方43ページ

つま先はダブルフックのテクニックで編むので自然に筒状に。はき口は共糸で作ったふわふわファーで暖かく。

麻糸と裂き布でカジュアルなマット →編み方48ページ

麻の荷造りひもはなかなか便利な素材。裂き布テープと合わせると丈夫なマットに。

ソフトタッチのバスケット →編み方48ページ

マットと同じ素材でバスケットも作ってみましょう。ダブルフックの基本編みと28ページのすじ編みで。

Double faced stitch 両面編み

両方のフックを使って平らに編むとリバーシブルの編み地になる。
The way to make double faced pattern with double ended crochet hook.

両面編み Double faced stitch

1 A色で必要な目数を鎖編みにして1段めの往き目を編む（☆マークのあるほうのフックを使って編む）
Make a length of chain with the required number of stitches and work first row "forward" with color A, using the hook marked star.

2 左右を逆にする
Turn the work.

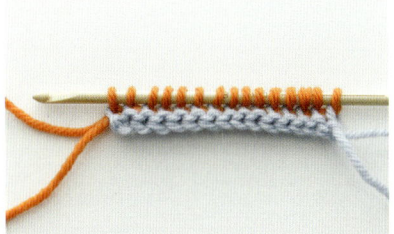

3 B色の糸に替えて☆マークのないほうのフックでまとめ編みをする
With color B work "return" using opposite hook.

4 B色で2段めの往き目を編む
With color B work the second row "forward".

5 左右を逆にしてA色でまとめ編みをする（☆マークのあるほうのフックを使う）
Turn the work and work second row "return", using the hook marked star.

6 1〜5を繰り返すとリバーシブル編み地ができる
Repeat 1〜5.

どちらがお好き？ リバーシブルの鍋つかみ →編み方50ページ

ダブルフックで両面編みにした、鍋つかみにも鍋敷きにもなるキッチングッズ。色は思いきってカラフルに。

リバーシブルのネックウォーマー →編み方51ページ

少し細めの糸で作った替え衿風あったか小物。段染め糸と単色の組合せで。

1/1 Rib stitch 1目ゴム編み

基本編み(表編み)と裏編みを1目ずつ繰り返すと1目ゴム編みになる。輪に編む場合は作り目は偶数。
Repeat a simple stitch and a purl stitch.

Moss (seed) stitch かのこ編み

基本編み(表編み)と裏編みを毎段交互に編むとかのこ編みになる。輪に編む場合は作り目は奇数。
On odd row, repeat a simple stitch and purl stitch
and on even row repeat a purl stitch and a simple stitch.
Cast on odd number in round.

裏編み　Purl stitch

棒針の裏編みと同じような糸の渡し方で編む。1段めは基本の表編みを編んでおく。
基本の表編みと組み合わせるとゴム編みやかのこ編みの模様が作れる。

Do the same way of knitted purl stitch.1st. row is basic simple stitch.
You can make rib stitch and moss stitch with purl stitch and simple stitch.

1 糸を手前に出してから下段の目にフックを差し込む
Bring the yarn forward and insert hook into vertical loop of under row.

2 棒針編みの裏編みと同じように糸をかける
Yarn round hook, as the same way as purl stitch of knitting.

3 糸をフックにかかった糸の間から引き抜く
Draw through 1 loop on hook.

4 裏編み（往き目）が編めたところ。まとめ編みは基本編みと同じ
Purl stitch(forward) is finished, afterward do "return".

1目ゴム編み

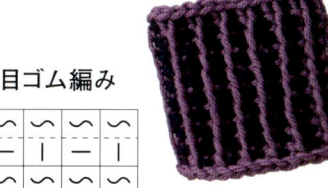

かのこ編み

１目ゴム編み　1/1 Rib stitch

表編みと裏編みを1目ずつ毎段繰り返して1目ゴム編みに
Repeat a single stitch and a purl stitch every row.

かのこ編み　Moss (seed) stitch

表編みと裏編みを1目ずつ毎段交互に編む
Single and purl stitches are alternated in the same way as for knitted moss(seed) stitch.

縁編みに工夫のハンドウォーマー →編み方54ページ

すっきりしたストライプ柄は実はリブ編み。親指のあきは増し目をして使いやすい手袋に。

ダブルフックでシンプル靴下 →編み方52ページ

輪編みと平らな編み方を組み合わせて靴下に。
かかととつま先はシングルフックで基本編み、本体はダブルフックでぐるぐる2目ゴム編みに。

変りリブのとんがり帽子 →編み方55ページ

表2目、裏1目のリブ編みを輪編みにしたキャップ。かぶり口は28ページのすじ編みで。

チンギスハーンもお気に入り？ →編み方56ページ

丸みを帯びたベレー帽はトップにポンポンをつけて何だかユーモラスな出来上り。

キラキラハンドウォーマー →編み方57ページ

わずかに入ったラメが魅力的な糸で。もちろん左右を同じ糸使いで作ってもいいし、このようにネガポジでも面白い。

かのこ編みの小さなバッグ ⇒編み方58ページ

表編みと裏編みの繰返しでも、作り目を奇数にすると1目リブ編みではなくかのこ編みに。底と袋口には28ページのすじ編みを使用。

パッチワーク風ミニケープ →編み方59ページ

減し目の数によってリブとかのこ模様が交互に出るように工夫。衿もとはシンプルな編み地で肩のラインを出しました。

Double Tunisian stitch 長編み

往き目でかぎ針編みの長編みと同じ編み方をして作る編み地。
The way is the same as double crochet.

Back loop stitch すじ編み

戻り目(まとめ編み)の鎖目が表に出る編み方。デザインポイントにもなる面白い編み方。
The chain stitches of under row come into the front. This stitch makes varied pattern.

長編み Dobule Tunisian stitch

1 立上りとして鎖2目編む
Make 2 chaines for turning.

2 針に糸を1巻きしてから往き目と同じように下段にフックを差し込み、糸をかける
Yarn round hook and insert hook through vertical loop of under row, yarn round hook again.

3 1巻き分くぐらせて針にはループが3本残った状態になる
Draw through 1 loop on hook, 3 loops left on hook.

4 長編みの要領でフックに糸をかけてループ2巻きの間をくぐらせて長編みの出来上り。これを繰り返す
Yarn round hook, draw through 2 loops on hook and repeats to end.

5 長編みが1段編めたところ
Double Tunisian stitch is finished.

長編み

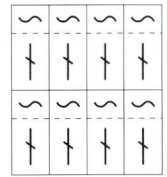

すじ編み

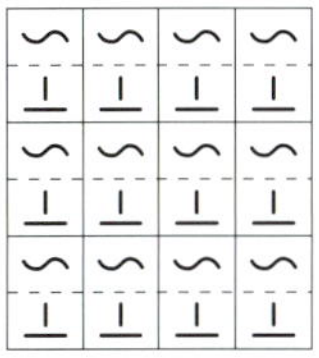

すじ編み Back loop stitch

1 表の縦ループにフックを差し込むのではなく、裏のループに差し込み、糸をかける
Insert hook into back vertical loop of under row. Yarn round hook.

2 基本編みと同じように糸を引き出す
Draw yarn through 1 loop on hook as same as single stitch.

3 鎖目が表に見えるすじ編み(往き目)
Chain stitches of under row come into the front.

長編みのミニマフラー　→編み方61ページ

ダブルフックでリバーシブルに編むのは15ページと同じ、でも長編みにするとちょっと違った印象に。

フェルティングバッグ ⇒編み方62ページ

ラインを入れるようにすじ編みを使ったミニバッグ。フェルティングするとふわふわした手触りに変身。

着こなし自在のボレロ →編み方63ページ

アルパカの優しい色と感触がうれしい。本体は長編みでリバーシブル編み、袖は輪に編むと編み地の違いが楽しめる。

Twill stitch ツイル編み

2目一度とかけ目を繰り返してできる編み地。綾織りのような出来上り。
Repeat 2 together and yarn over. This pattern looks like twill weave.

Cross stitch クロス編み

下段の目をクロスさせて柄を作る編み方。輪に編む場合は偶数と奇数ではできる柄が違う楽しみがある。
Make a pattern for crossing vertical loop of previous row.
You can make different patterns on even number and odd number in round.

ツイル編み Twill stitch

1 下の段の目の2目に一度にフックを差し込み、糸をかけて引き出し、1目になったらかけ目をする
Insert hook into vertical 2 loops of under row and yarn round hook, draw through 1 loop on hook, then yarn over.

2 1の2目一度、かけ目を最後まで繰り返す
Repeat 1 to end.

3 まとめ編みをしたところ。かけ目のところも1目としてまとめ編みをする。2、3を繰り返す
Make "return". Yarn over is considered as a stitch, and repeat **2**, **3**.

ツイル編み

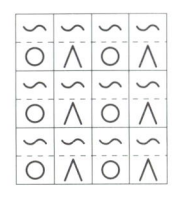

クロス編み Cross stitch

1 2目で一柄になるので立上りの目はそのままにして、1目とばしてフックを差し込んで目を作る
2 stitches make a cross pattern. Skip 1 vertical loop of under row and insert hook into next loop, yarn round hook, draw through 1 loop on hook.

2 次に手前の目にフックを差し込んで目を作る
Next, insert hook into skipped vertical loop of under row and yarn round hook, draw through 1 loop on hook.

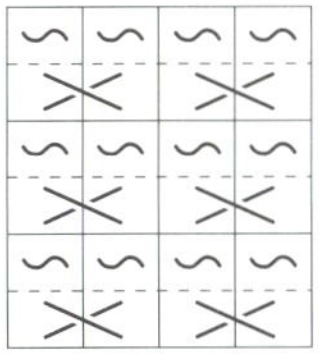

3 目がクロスしたことがわかる
Crossed 2 stitches.

4 まとめ編みをしてクロス編みが1段できたところ
Cross pattern is finished.

クロス編み

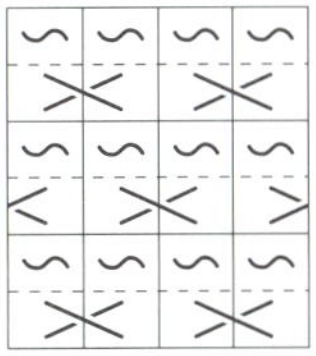

クロス編み

35

布地のような編み地の飾りつきキャップ →編み方64ページ

綾織りのような仕上りになるツイル編み。棒針で編んだ花とリーフで少しだけ甘さをプラス。

ペーパーヤーンの小さな物入れ ⇒編み方68ページ

麻ひもとペーパーヤーンを組み合わせると不思議な編み地に。しっかりした編み地ならではのアイテムを作りたい。

ポンポンがほほえましいチェアカバー →編み方66ページ

毎日使うダイニングの椅子サイズに合わせ、太めの糸でしっかりしたクロス編みで作りましょう。
ポンポンは細編みして共糸を詰めたもの。

38

おそろいのチェアマット →編み方66ページ

背カバーとは糸づかいを逆にしたマット。詰め物をしなくても厚みがあるので暖かい。
こちらも椅子のサイズに合わせて。

クロス編みで靴下も →編み方69ページ

前ページの作品は作り目が奇数、この靴下は偶数なので模様がちょっと違う。
輪に編む方法は同じ編み方でも奇数、偶数で柄が変わるのが面白い。

How to Make 作品の作り方

アフガン編みの記号について

アフガン編みの編み図記号はちょっと変わっています。初めてご覧になる方のために記号の説明をします。
1ますの中が2段に分かれていますが、この2段で1段とカウントします。
海外にはこれを1段とカウントするのではなく2段として説明している本もありますが、
日本では一般的に2段で1段としていますので本書でもそれにならいました。

ます目の下の記号は「往き目」の編み方を表わします。
ます目の上の記号は「まとめ編み（戻り目または追い目）」の記号で、下の記号にかかわりなく同じ記号です。

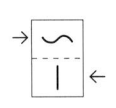

シングルフックの場合

下段のますの中の記号で編み方が変わります。
編む方向を示す矢印は←が「往き目」、→が「まとめ編み（戻り目）」となります。

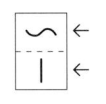

ダブルフックで輪に編む場合

輪に編めることが特徴のダブルフックの編み図記号は、
シングルフックと同じですが、編み進む矢印は←だけで常に編み進む方向は同じです。

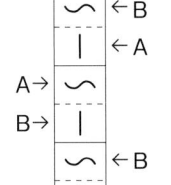

ダブルフックでリバーシブルに編む場合

記号の表わす意味は同じですが、編む方向は矢印を見ながら糸を替えて編みます。

＊記号は編み地を横から見た図になっています。
＊基本的に「往き目」をメインカラー、「まとめ編み」をサブカラーで編みます。

表編み 　　裏編み 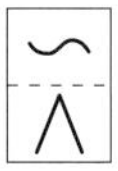　　2目一度 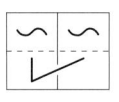　　1目増し目

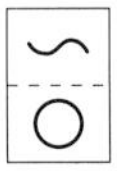

かけ目 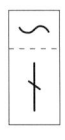　　長編み 　　すじ編み 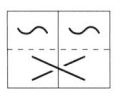　　クロス編み

ルームシューズ →写真11ページ

●材料
本体はておりやロービングウール1055：ローズピンク（05）、パープル（15）各50g
ファーはておりやタピーウール：ローズピンク（240）、パープル（239）各20g
レース糸：適宜
ボール紙：幅1.5cm、長さ30cm
●用具
8号ダブルフックアフガン針
2号レース針

●出来上りサイズ
足底サイズ24cm
●編み方
＊好みの色をメインカラーにする。ここでは左右の色づかいを逆にしてある
＊25目作り目をして平らに編む
＊1〜7段め：2段めから毎段図（44ページ）を参照して37目まで増し目をする
＊8〜16段め：37目のまま平らに編む
＊17段めからは輪に編む
＊20、23段め：甲の中心で減し目をする
＊26、29、31段め：甲の中心と底の両端で減し目をする
＊32段め：底の中心で2目一度の減し目をして全体で20目にする
●仕上げ
＊後ろ中心をはぎ合わせ、つま先は糸を通して絞る
＊ファーをつける

［製図］

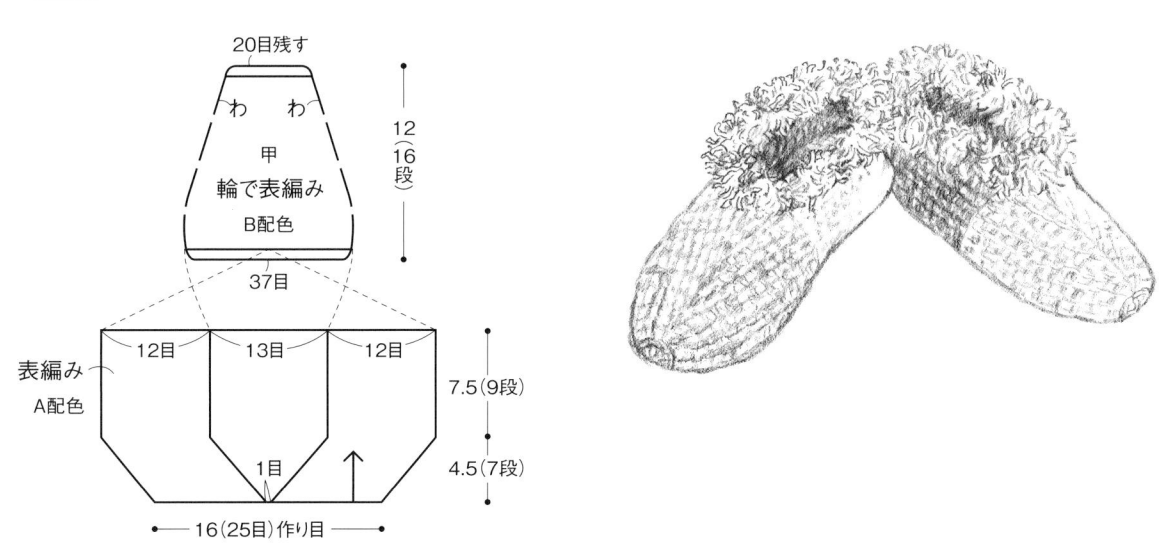

A配色　メインカラー…ローズピンク
　　　サブカラー…ローズピンク

B配色　メインカラー…パープル
　　　サブカラー…ローズピンク

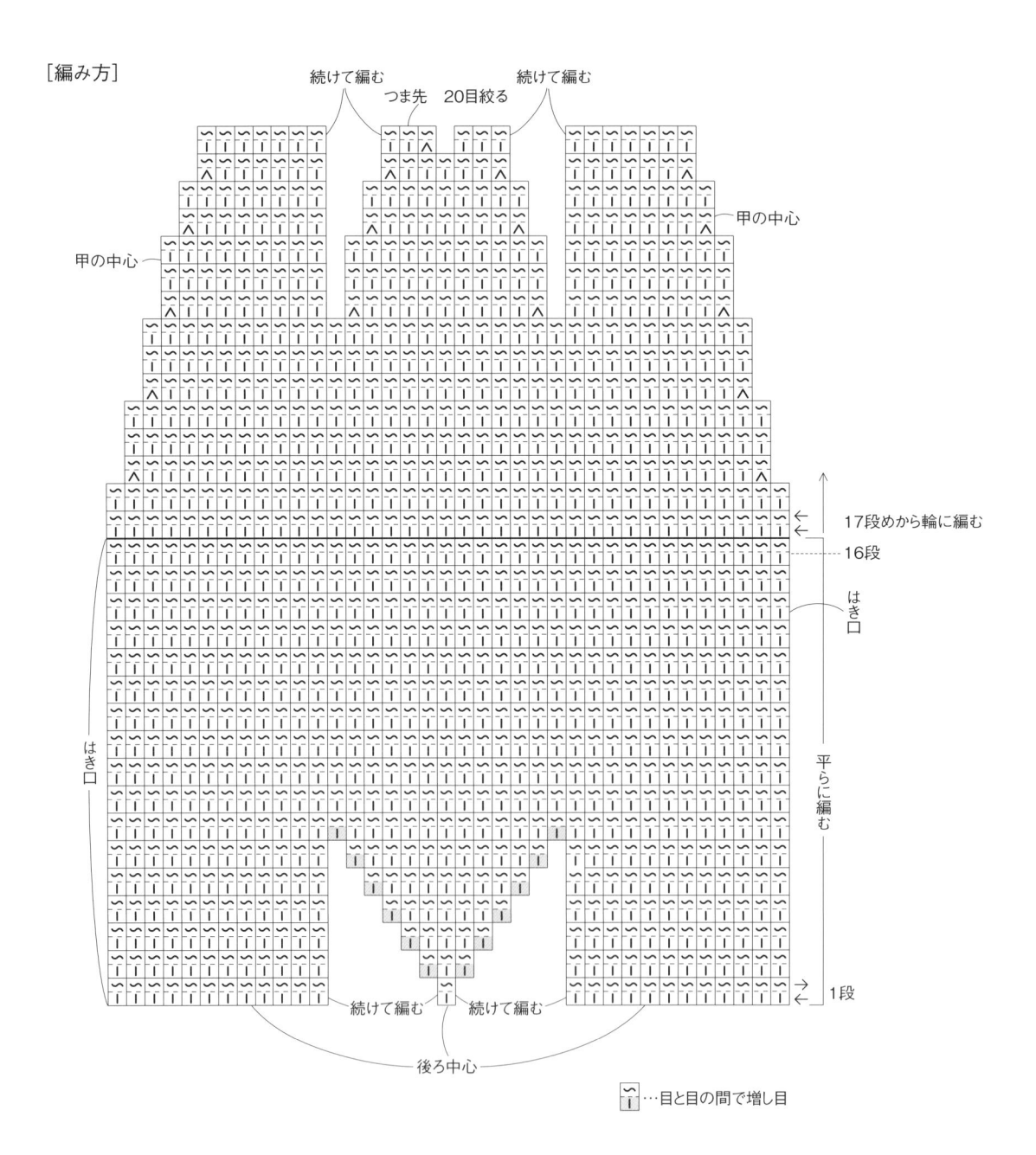

[編み方]

続けて編む　つま先　20目絞る　続けて編む

甲の中心

甲の中心

17段めから輪に編む
16段
はき口
平らに編む
1段

はき口

続けて編む　続けて編む
後ろ中心

⁀|… 目と目の間で増し目

[ファーの作り方]

レース糸
ボール紙
1.5
タピーウール2本どりをレース糸の上から5回巻く

→

レース糸を針の輪にくぐらせて、レース糸を締めてから、鎖を1目編む

→

パープル
ピンク
5回ごとに糸を替えてシューズのはき口寸法に作る

[仕上げ]

とじる
糸を通して絞る

→

レース糸の鎖部分をはき口に縫いつける

↗

カットする

↓

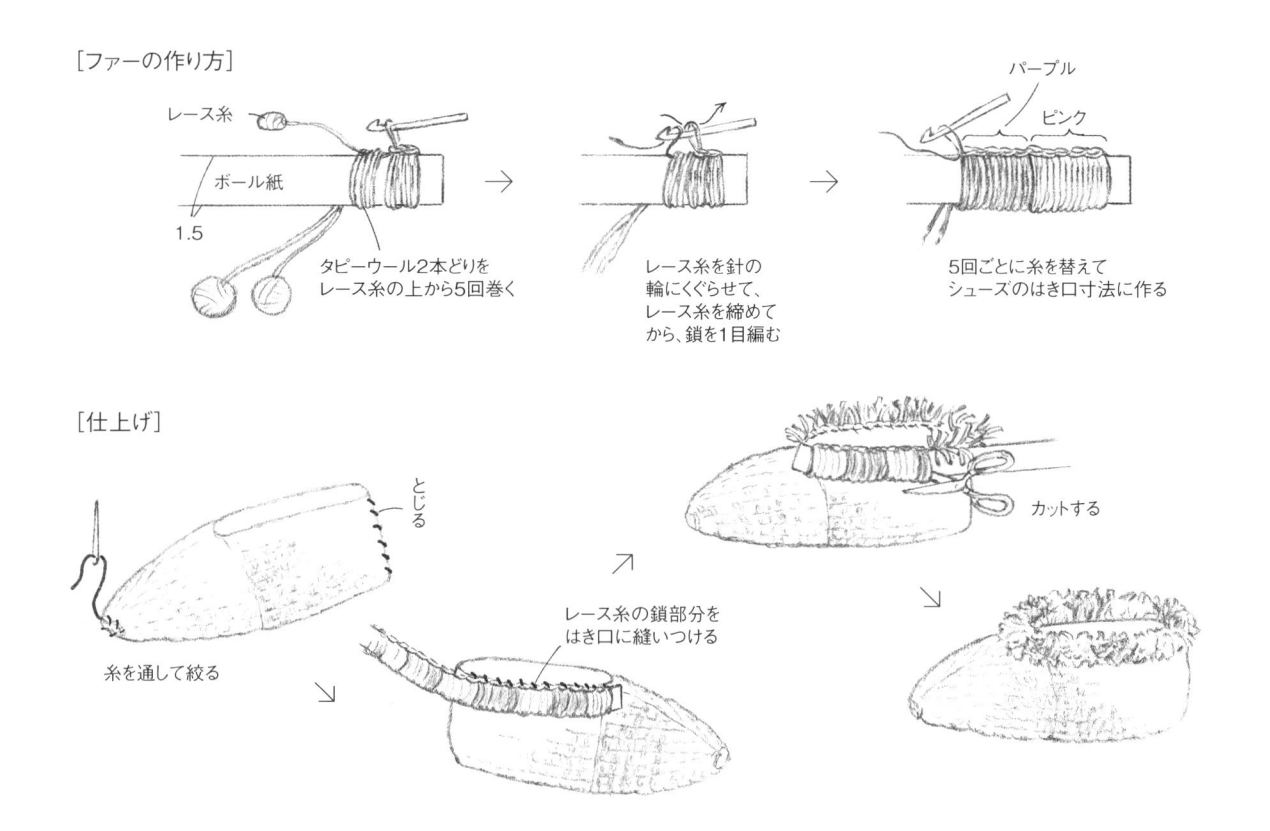

初めて編んだアフガン編みセーター

　本書では編込み柄やダーツのあるものを紹介できませんでしたが、ぜひトライしていただきたいと思っています。編込みはシングルフックで比較的簡単に編めます。私が初めて編んだアフガン編みの作品は、写真の編込みセーターです。ゲージに合わせたグラフ用紙を作って柄をかけばよかったのですが、何も考えずに正方形のグラフ用紙にかいて編んでしまったので、縦長の柄になってしまいました。アフガン編み地の1目の縦横の比率は縦のほうが長いのですね〜。編込みの糸は裏に渡すのではなく、柄の場所だけ別糸で編む方法です。"往き目"でも、"まとめ編み（戻り目）"でも糸を替えて編みます。注意したいのは"まとめ編み"のときの糸替えのタイミングですが、これは一般的なかぎ針の編込みの方法と同じです。

　私のセーターは写真ではよくわかりませんが、胸ダーツを入れて編んであります。洋裁のできる方なら型紙に合わせてウエストダーツや胸ダーツを入れると形のいいジャケットを作ることができます。スウェーデンの北方民族博物館所蔵のニット作品の中にアフガン編みのベストがあり、それは体のラインに合わせての増減が上手にデザインに生かされていました。これを見て、ソーイングで言うところのパネルラインで糸を替えて増減目すると、素敵なジャケットができそうだと思いました。今のところ頭の中だけの作品ではありますが、いつか作ってみたい1枚です。

段染めベレー帽 ⇒写真10ページ

●材料
クロバーランドネ：赤系段染め(61-238)60g
＊メインカラーもサブカラーも同じ糸を使う
●用具
8号ダブルフックアフガン針
●出来上がりサイズ
頭回り54cm、トップの直径27cm

●編み方
＊作り目90目
＊1段め：表編み
＊2、3段め：すじ編み
＊4～9段め：毎段9か所で均等に1目ずつ増し目をする。9段めで144目
＊10、11段め：表編み(144目)
＊12～15段め：毎段均等に6か所で1目ずつ減し目をする。15段めでは120目
＊16～29段め：毎段均等に8か所で1目ずつ減し目をする。最後は8目残る
＊トップは飾りを作って差し込み、縫い止める
●ポイント
トップには好みでポンポンをつけてもいい

[製図]

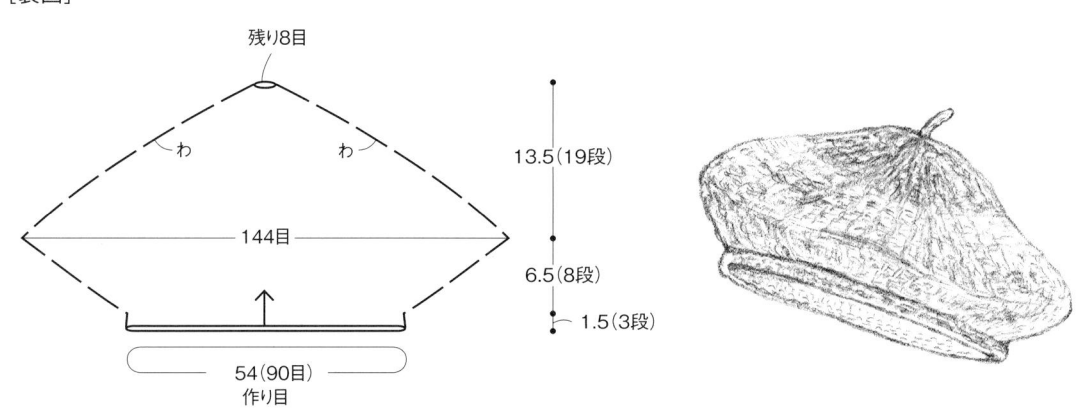

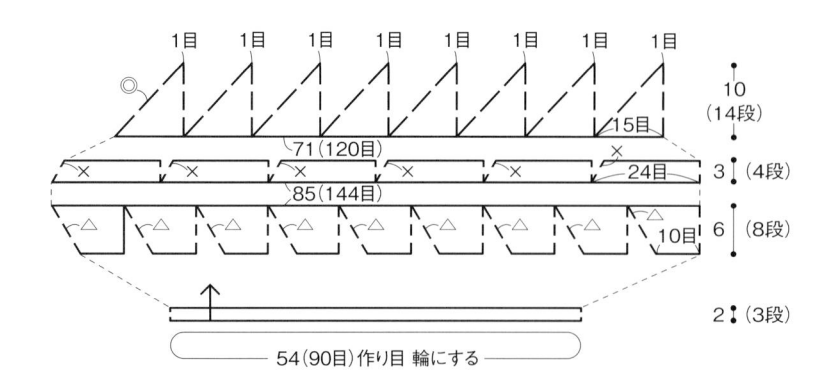

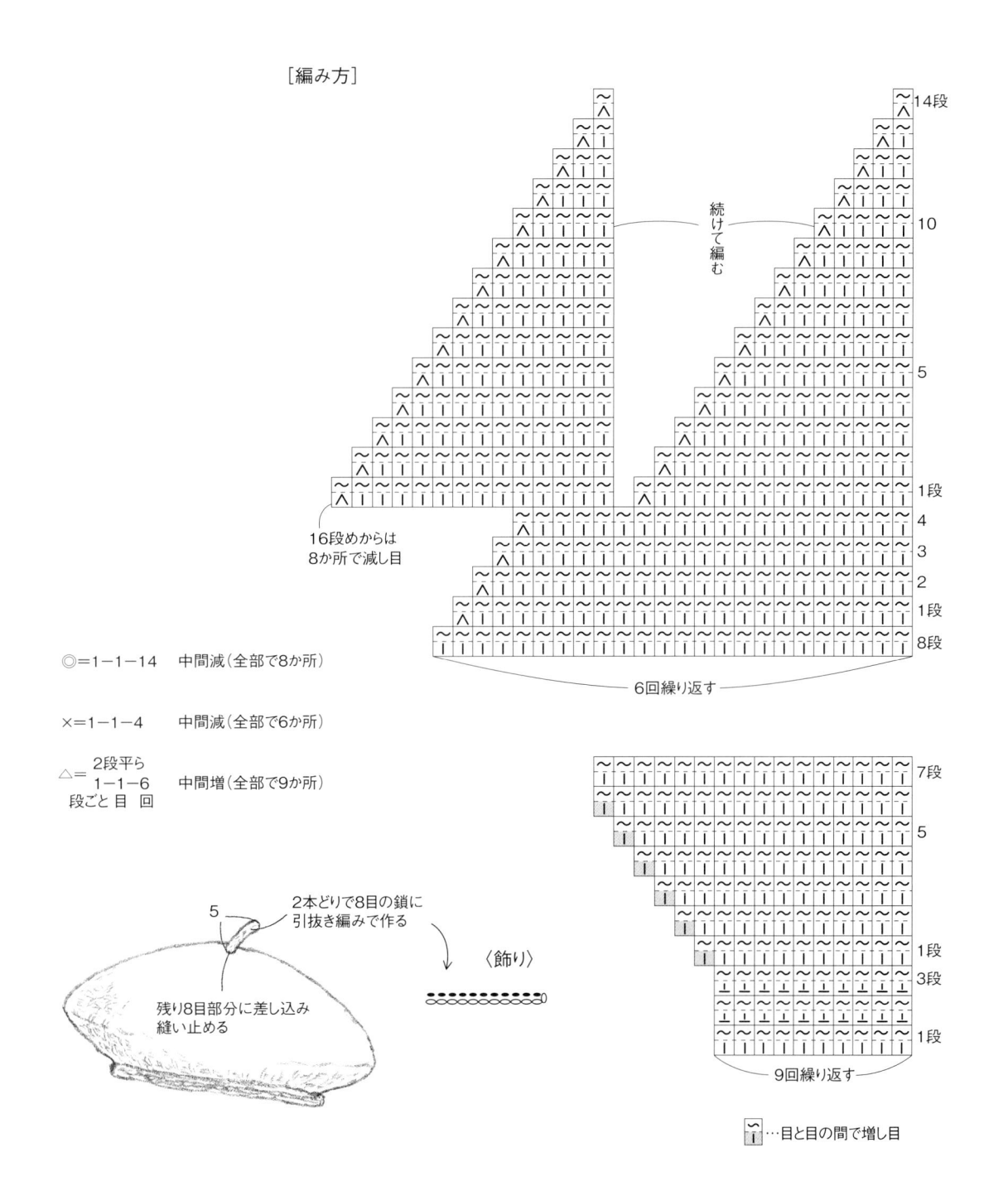

[編み方]

16段めからは
8か所で減し目

6回繰り返す

続けて編む

◎＝1−1−14　中間減（全部で8か所）

×＝1−1−4　中間減（全部で6か所）

△＝ 2段平ら
　　1−1−6　中間増（全部で9か所）
　　段ごと 目 回

2本どりで8目の鎖に
引抜き編みで作る

残り8目部分に差し込み
縫い止める

〈飾り〉

9回繰り返す

∼ i …目と目の間で増し目

47

マット＆バスケット　⇒写真12、13ページ

●材料
太麻ひも（ジュート麻14番5本より55m巻き）：3巻き
細麻ひも（縁とり用）：適宜
木綿チェック柄4種：110cm幅各30cm
すべり止めシート：50×30cm
●用具
12号シングルフックアフガン針
12号ダブルフックアフガン針
6mmかぎ針
●出来上り寸法
〈マット〉
縦39cm、横56.5cm

〈バスケット〉
底直径28cm、高さ12.5cm
●編み方
〈マット〉
＊裂き布は0.8〜1cm幅にカットして使う。編んでいる途中ではがないで、糸端を残しておき、あとで裏面で結ぶ
＊太麻ひもで20目作り目
＊1〜15段め：裂き布と太麻ひもを交互にメインカラー、サブカラーにして編む
＊麻ひもで伏止め、これを6枚作って細麻ひもを使って図のように縦横、交互にはぎ合わせ、縁編みをする。

〈バスケット〉
＊細編みで底を編む
＊1段め：糸輪に8目編み入れる
＊2〜12段め：毎段8目ずつ増し目をして96目にする
＊底の裏面を上にして最後の細編みの鎖目の向う側にアフガン針を差し込んで目を拾い、輪に編む。裂き布は好みの段で色を変える。
＊持ち手：図の位置に鎖編み12目を編んで16目の細編みをする
●ポイント
バスケットの持ち手は段の変わる位置につけると段差が目立たない

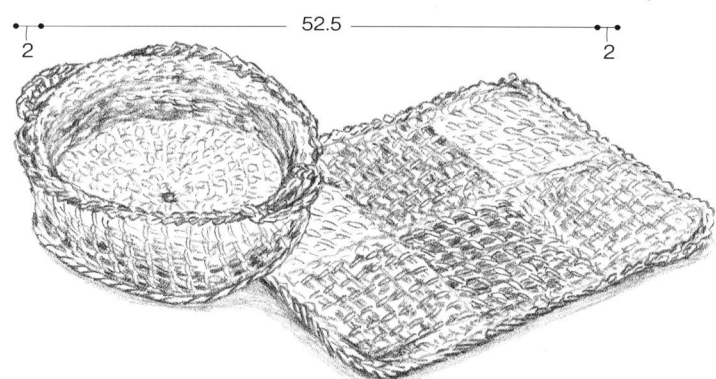

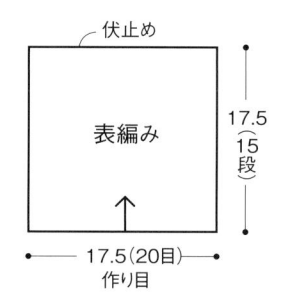

［マット製図］

縁編み2(3段)
はぎ合わせる
A　C　A
B　D　B
35
52.5
2　2

〈モチーフ〉
伏止め
表編み
17.5(15段)
17.5(20目)
作り目

Aの裂き布　赤系
Bの裂き布　グレー系
Cの裂き布　こげ茶色系
Dの裂き布　赤茶系

・糸の替え方
→太麻ひも ┐
←裂き布　 ┘4
→裂き布　 ┐
←太麻ひも ┘3
→太麻ひも ┐
←裂き布　 ┘2
→裂き布　 ┐
←太麻ひも ┘1段

[縁編み]（細麻ひも）

様子を見ながら目を拾う

[仕上げ]

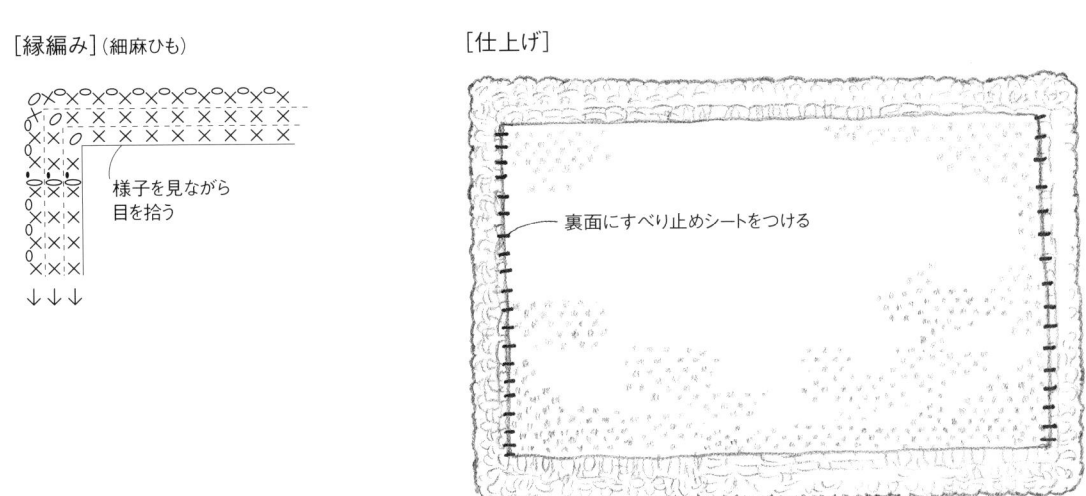

裏面にすべり止めシートをつける

[バスケット製図]

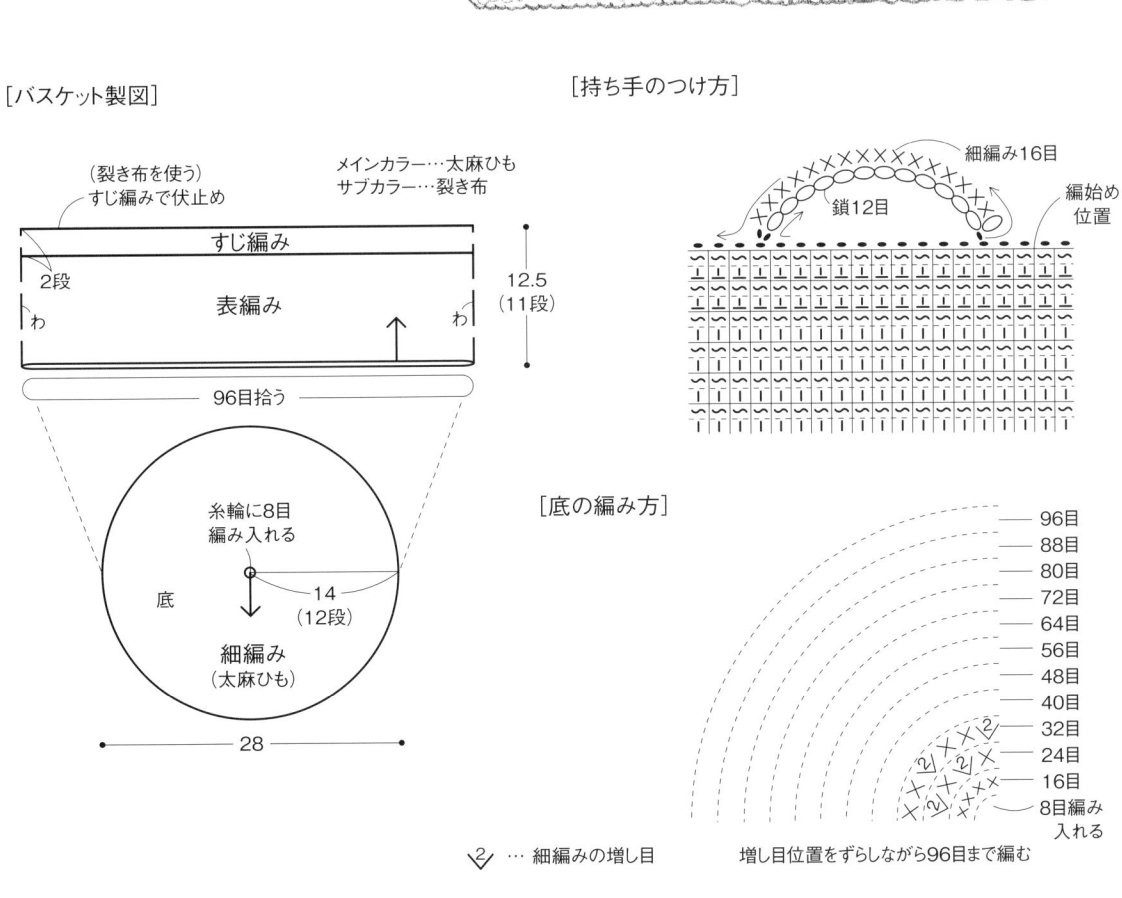

（裂き布を使う）
すじ編みで伏止め

すじ編み　2段

表編み　わ　わ

96目拾う

12.5
(11段)

メインカラー…太麻ひも
サブカラー…裂き布

底

糸輪に8目編み入れる

14
(12段)

細編み
(太麻ひも)

28

[持ち手のつけ方]

細編み16目
鎖12
編始め位置

[底の編み方]

96目
88目
80目
72目
64目
56目
48目
40目
32目
24目
16目
8目編み入れる

✓2 … 細編みの増し目

増し目位置をずらしながら96目まで編む

49

鍋つかみ →写真16ページ

- ●材料
  パピー ミニスポーツ：トルコブルー(712)、黄緑(685)各30g
- ●用具
  10号ダブルフックアフガン針
- ●編み方（A色を黄緑にする場合）
- *作り目31目(A色)
- *1段め：A色で表編み
- *1段めのまとめ編み：B色
- *2段め：B色で1目ゴム編み（両端は表編み2目)、まとめ編み：A色
- *3段め：色は1段で1目ゴム編み
- *4～22段：2、3段めを繰り返す
- *23段め：A色で20目1目ゴム編みをしたら、7目伏止めをし、残り4目を1目ゴム編みにする
- *23段めのまとめ編み：B色で20目編み、7目鎖編みをして残りの目を続けて編む
- *24～26段：2、3段めと同じ編み方
- *最後はA色で伏止めする
- ●ポイント
  作り目の色を変えても編み方は同じ

[製図]

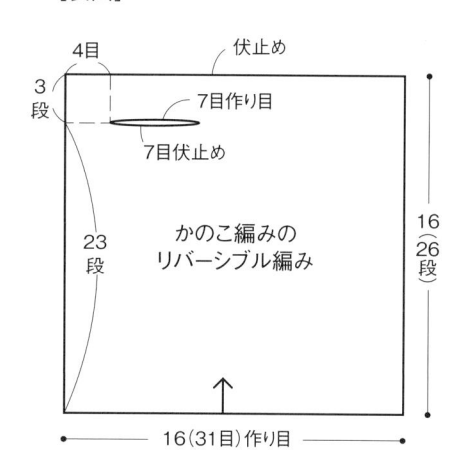

[編み方]

・黄緑は両端1目表編みの1目ゴム編み
・トルコブルーは両端の2目は表編みで1目ゴム編み

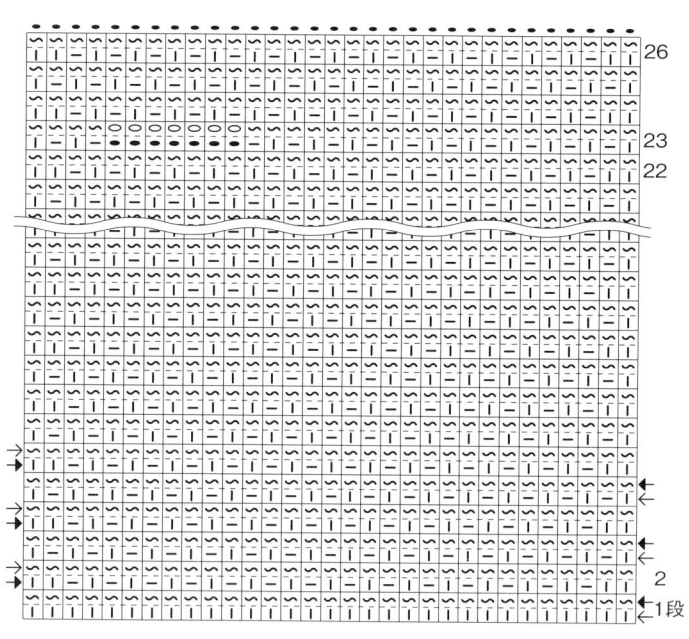

← 黄緑(作り目も黄緑)
← トルコブルー

I …表編み
− …裏編み
⌒ …まとめ編み

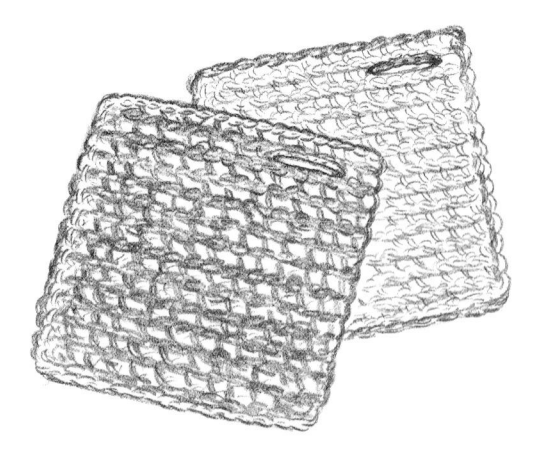

ネックウォーマー →写真17ページ

- ●材料
オステルヨートランド　ヴィ・シェー：黒(06)、キャラメル：ピンクと黒段染め(11) 各35g
ボタン：直径1.5cm 2個
- ●用具
6号ダブルフックアフガン針

- ●編み方
- *黒で46目作り目
- *1段め：黒で表編み
- *1段めのまとめ編み：段染めで編む
- *2段め：段染めで表編み
- *2段めのまとめ編み：黒で編む
- *3～88段め：1、2段めを繰り返す
- *最後は黒で伏止め
- ●仕上げ
段染めで図を参照して縁編みをするが、衿端側と身頃側の編み方が違うので注意する。身頃側は少し広げた感じに仕上がるのでつけたときにおさまりがいい

[製図]

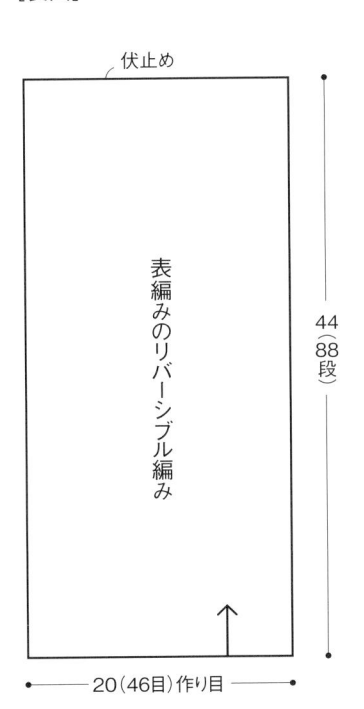

伏止め
表編みのリバーシブル編み
44(88段)
20(46目)作り目

[編み方]

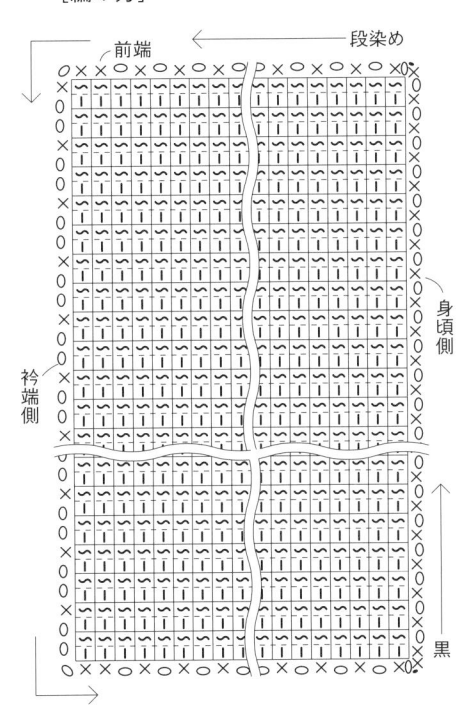

前端　段染め
衿端側
身頃側
黒

[ボタン穴と仕上げ]

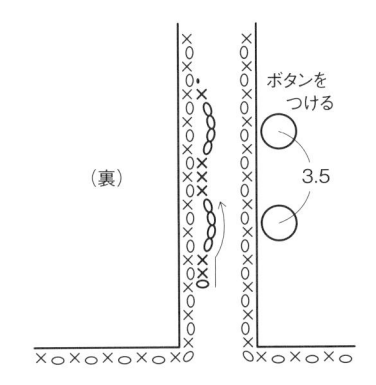

ボタンをつける
3.5
(裏)

[糸の替え方]

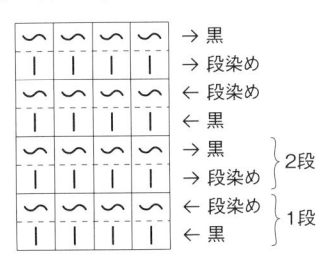

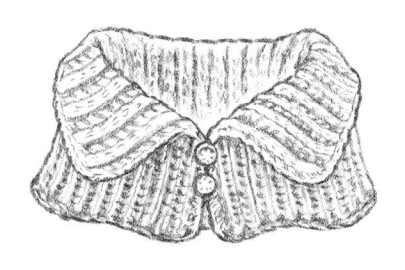

→黒
→段染め
←段染め
←黒
→黒
→段染め　2段
←段染め
←黒　1段

シンプル靴下 →写真21ページ

- ●材料(1足分)
  パピーシェットランド：生成り(8)、黒(32) 各60g
- ●用具
  6号ダブルフックアフガン針
- ●出来上りサイズ
  はき口回り22cm、足底サイズ23cm
- ●編み方
  [カフス：輪に編む]
  * 生成りで48目作り目をし、輪にする
  * 1～18段め：輪で2目ゴム編み
  [かかと：平らに編む]
  * 19～27段めまでは生成り、28～36段めまでは黒で編む
  * 19段め：表編みで24目編む。残りの24目は休ませておく
  * 20～27段め：毎段、両端で2目一度で減らし8目にする
  * 28段め：8目表編み
  * 29～36段め：毎段両端で1目ずつ増して24目にする
  [甲と底：輪に編む]
  * 37～59段め：37段めで休ませてあった24目と合わせて48目の輪にし、2目ゴム編みで編む
  [つま先：平らに編む]
  * 60～68段めまでは黒で、69～77段めまでは生成りで編む
  編み方はかかとと同じだが、目を半分に分けて足底から編み始め、最後は休ませてあった24目と一緒に引抜きとじをする(※)
  ※アフガン針にかかっている目と残っている目にかぎ針を差し込み、糸をかけて引き抜く。これを目がなくなるまで行なう
- ●仕上げ
  かかととつま先の端はとじ合わせる

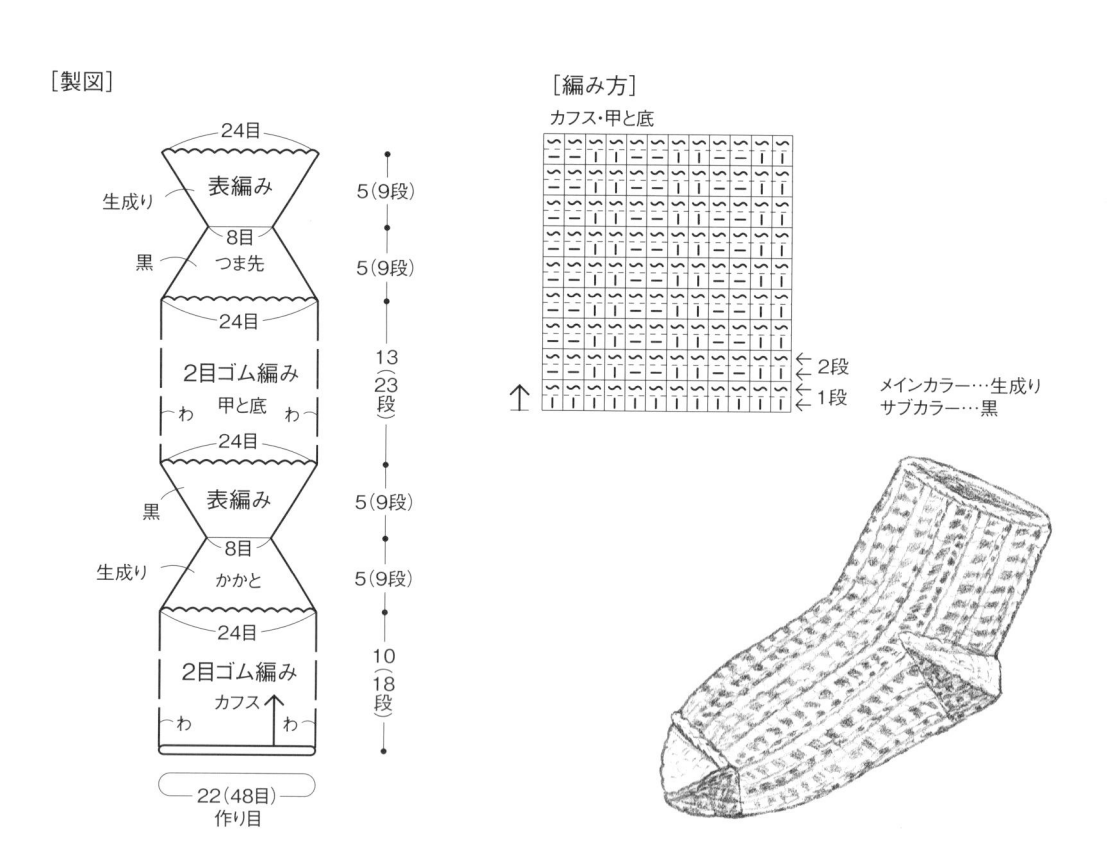

[製図]

[編み方]
カフス・甲と底

メインカラー…生成り
サブカラー…黒

[かかととつま先の編み方]

・かかとまたはつま先の2段めからは、毎段最初と最後で2目一度をして減し目をする（p.7参照）

・11段めからは最初と2目めの間で、最後と、その手前の目の間でそれぞれ増し目をして（p.7参照）元の24目にする

⁻i … 目と目の間で増し目

9段

…(11段)
1段
9段

1段め

[編み方順序]

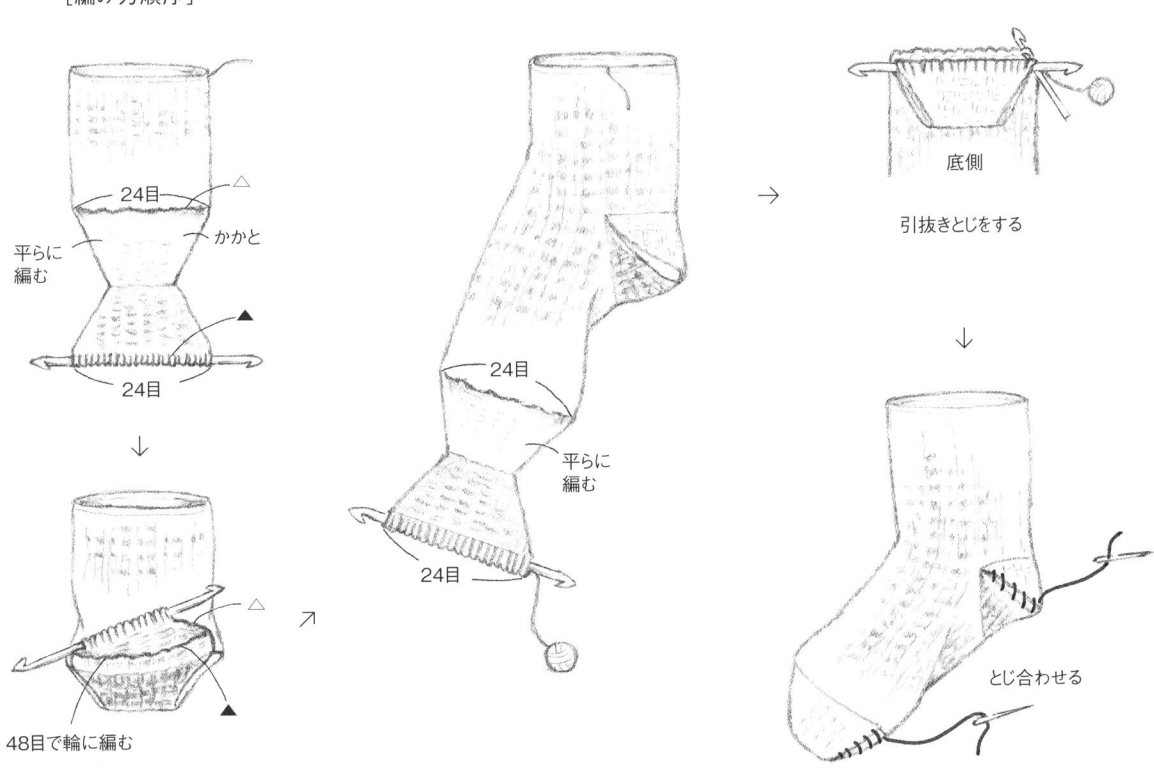

24目
かかと
平らに編む
24目
48目で輪に編む

24目
平らに編む
24目

底側
引抜きとじをする

とじ合わせる

53

ハンドウォーマー →写真20ページ

●材料
パピーシェットランド：れんが色(25)、オレンジ色(43)各30g
ファーをつける場合はレース糸：適宜
ボール紙：幅1.5cm、長さ25cm
●用具
8号ダブルフックアフガン針
6/0号かぎ針
2号レース針(ファーをつける場合)
●出来上がりサイズ
太さ18cm、長さ17cm
●編み方
*38目作り目をして輪に編む
*1段め：表編み
*2～13段め：1目ゴム編みで増減なく編む
*14、17、20、22段め：図を参照して増し目をして42目にする
*23段め：42目のまま1目ゴム編みで輪に編む
*24段め：編始めの位置の18目手前から、次の10目を伏止め、まとめ編みの段で6目作り目をする
*25～28段め：38目で1目ゴム編みを編み、伏止めをする
●ポイント
*増し目位置は、編始めの手前3目の位置で、図を参照して柄が1目ゴム編みになるように増し目をする
*編み方図は右手用なので左手は指穴を逆にする
*ピコットの縁編みをする場合は、メインカラーで36目拾って編む
*ファーをつける場合は45ページを参照して、メインカラーでファーを作ってまつりつける
*口絵ページでは左右のメインカラーを逆にしているが左右をそろえてもいいし、縁編みも好きな方法で仕上げる

[製図]（右手）

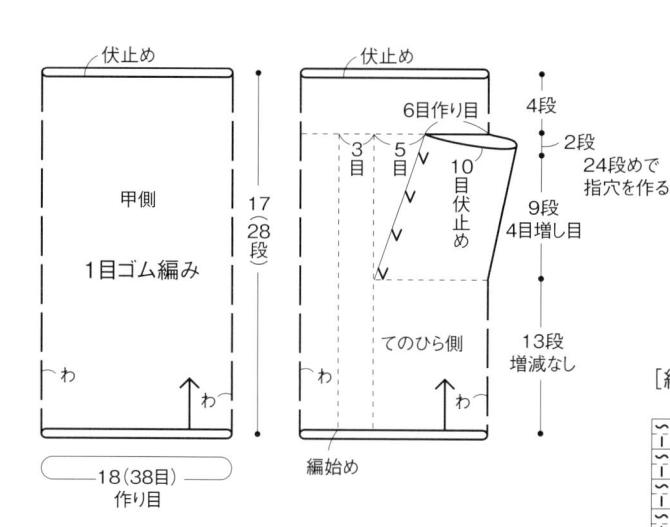

[縁編み]
全体で36目拾う
・ファーをつける場合はp.45参照
・糸は1本どりにして作る

[編み方]

とんがり帽子 ⇒写真22ページ

- ●材料
  ておりやモークウールB：グレー(14)、
  れんが色(01) 各50g
- ●用具
  10号ダブルフックアフガン針
  8/0号かぎ針
- ●編み方

* れんが色(サブカラー)で90目作り目をする
* 1段め：メインカラーのグレーで表編み
* 2～4段め：すじ編み
* 5～20段め：模様編み
* 21～34段め：毎段均等に6目減らし目して6目にする
* 伏止めして、ループをトップに差し込んで縫い止める

- ●ポイント
  減し目部分は図を参照

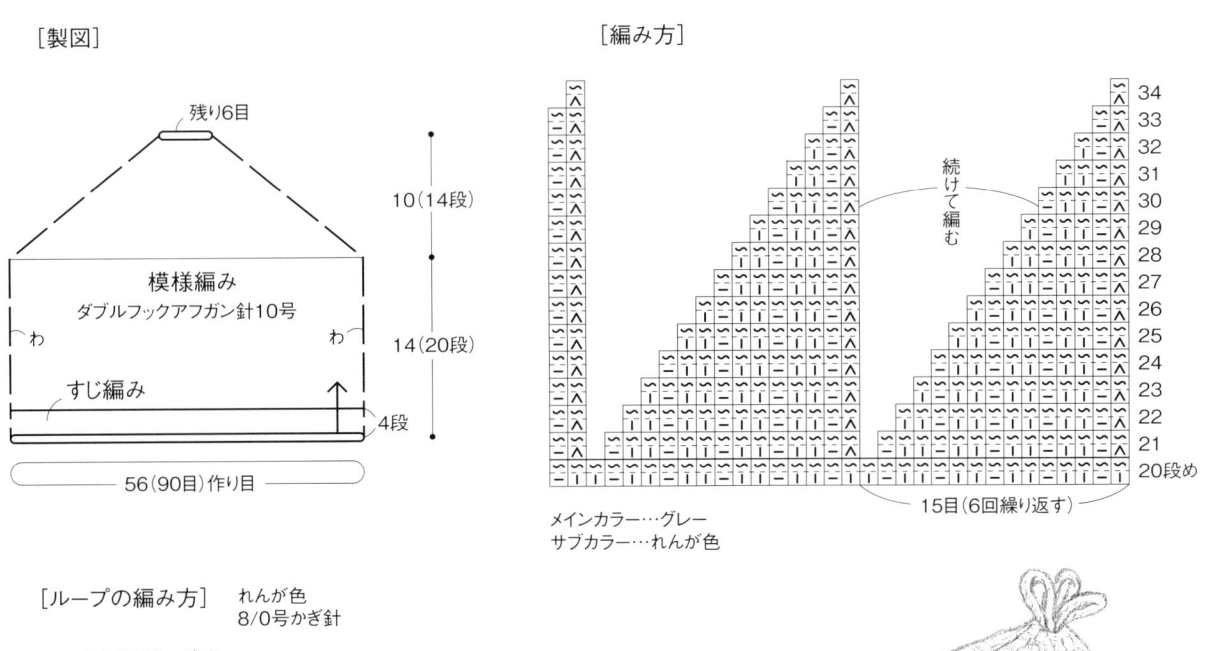

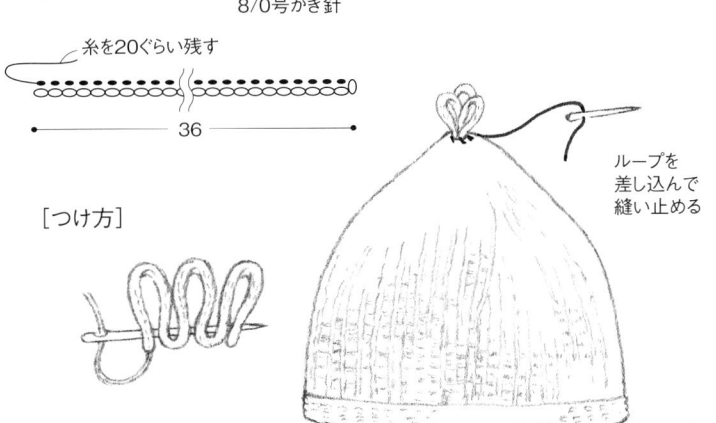

[製図]

残り6目

模様編み
ダブルフックアフガン針10号

わ　　　わ

すじ編み

10(14段)
14(20段)
4段

56(90目)作り目

[編み方]

34
33
32
31
30　続けて編む
29
28
27
26
25
24
23
22
21
20段め

15目(6回繰り返す)

メインカラー…グレー
サブカラー…れんが色

[ループの編み方]　れんが色　8/0号かぎ針

糸を20ぐらい残す

36

[つけ方]

ループを差し込んで縫い止める

ベレー帽 →写真23ページ

- ●材料
  ておりやロービングウール1055：えんじ色(13)、チャコールグレー(17)各40g
- ●用具
  10号ダブルフックアフガン針
  8/0号かぎ針
- ●出来上り寸法
  頭回り52cm、トップの直径25cm
- ●編み方
  *メインカラーをチャコールグレー、サブカラーをえんじ色にする
  *メインカラーで84目作り目し、輪に編む
  *1段め：表編み
  *2～7段め：図を参照して108目まで増し目
  *8、9段め：108目のまま模様編み
  *10、11段め：すじ編みで編む。11段めでは図のように減し目をして102目にする
  *12～26段め：図を参照して6目になるまで減し目をする
  *伏止めしてポンポンをつける
  *かぶり口にかぎ針で細編みを1段編む
- ●ポイント
  *模様がくずれないように、図を参照して編む
  *トップのポンポンはループに替えてもいい

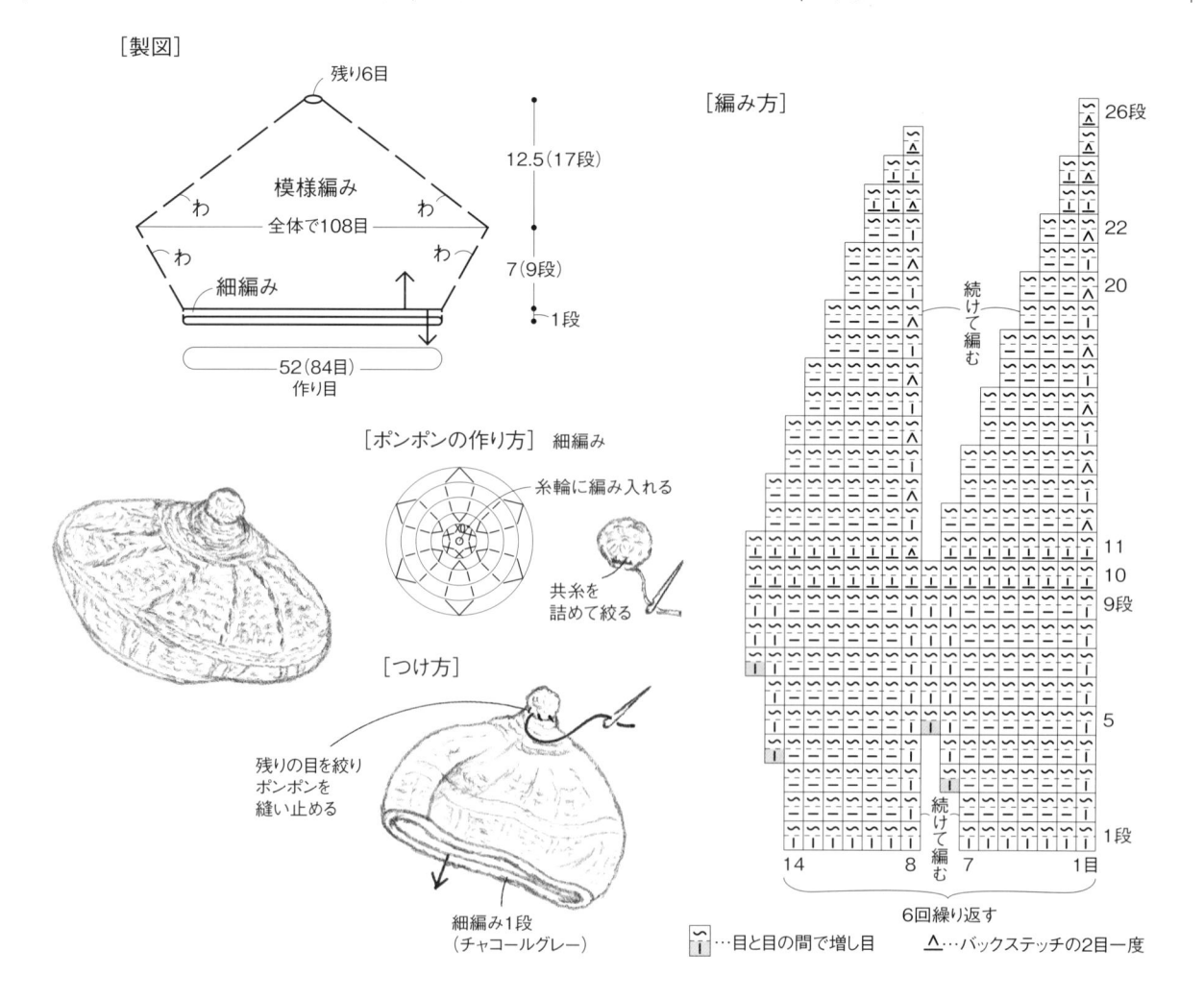

[製図]

残り6目
模様編み
わ　わ
わ　　わ
全体で108目
細編み
52(84目)作り目
12.5(17段)
7(9段)
1段

[ポンポンの作り方]　細編み
糸輪に編み入れる
共糸を詰めて絞る

[つけ方]
残りの目を絞りポンポンを縫い止める
細編み1段
(チャコールグレー)

[編み方]

26段
22
20
続けて編む
11
10
9段
5
続けて編む
1段
14　8　7　1目
6回繰り返す

〜│…目と目の間で増し目　△…バックステッチの2目一度

キラキラハンドウォーマー ⇒写真24ページ

- ●材料
  クロバーシャンパーニュ：生成り(61-233)、グレー(61-237)各20g
- ●用具
  6号ダブルフックアフガン針
- ●編み方
  * 作り目はサブカラーで43目作り、輪にする
  * 1段め：糸をメインカラーに替えて表編み
  * 2〜4段め：すじ編み
  * 5〜17段め：かのこ編み
  * 18、20、22、24、26、27段め：増し目をして49目にする
  * 28段め：編始め位置の22目手前から11目伏止めにして、まとめ編みの段では5目作り目をする
  * 32段めまで：かのこ編み
  * 33段め：すじ編みで41目に減し目
  * 34段め：すじ編み
  * 伏止めはすじ編み
- ●ポイント
  作り方図は右手用なので、左手を編む場合は逆にする

［製図］（右手）

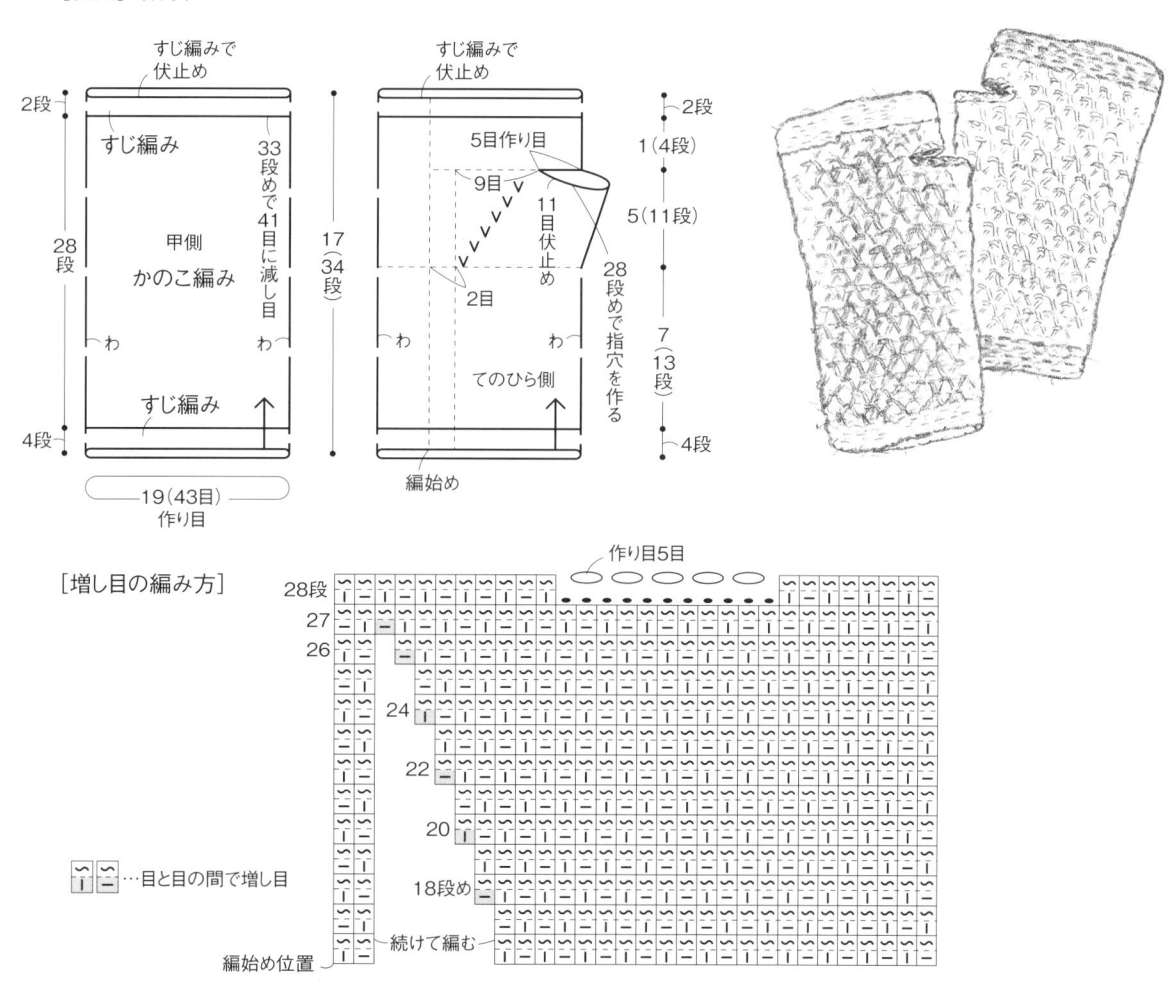

［増し目の編み方］

小さなバッグ →写真25ページ

- ●材料
- ておりやモークウールB：ピンク(21) 50g、紫(26)60g
- フェルトテープ：4cm幅45cm
- ボール紙：15cm角
- ●用具
- 8号ダブルフックアフガン針
- 8/0号かぎ針
- ●出来上り寸法
- 幅45cm、高さ17cm
- ●編み方
- [底：かぎ針を使い、紫で細編み]
- ＊1段め：糸輪に7目編み入れる
- ＊2段め：14目に増し目
- ＊3～11段め：毎段7目増し目をして77目になるまで編む
- [側面：メインカラーをピンクにしてアフガン針で編む]
- ＊1段め：表編み
- ＊2～4段め：すじ編み
- ＊5～21段め：かのこ編み
- ＊22、23段め：すじ編み
- ＊伏止めは紫を使う
- [持ち手：かぎ針を使い、紫で畝編み]
- ＊40目作り目をして1段めは細編み
- ＊2段めは畝編み
- ＊3段めの引抜き編みは、少しきつめに編み、持ち手のカーブをつける
- ●ポイント
- 底を編んだら裏面を上にしてから側面を編み始める。このとき、最後の段の細編みの鎖の向う側だけに針を差し込んで編み始める
- ●仕上げ
- 袋の口に持ち手をつけて袋口をフェルトテープで裏打ちする
- ボール紙は底の形にカットして底に敷く

[製図]

[持ち手]

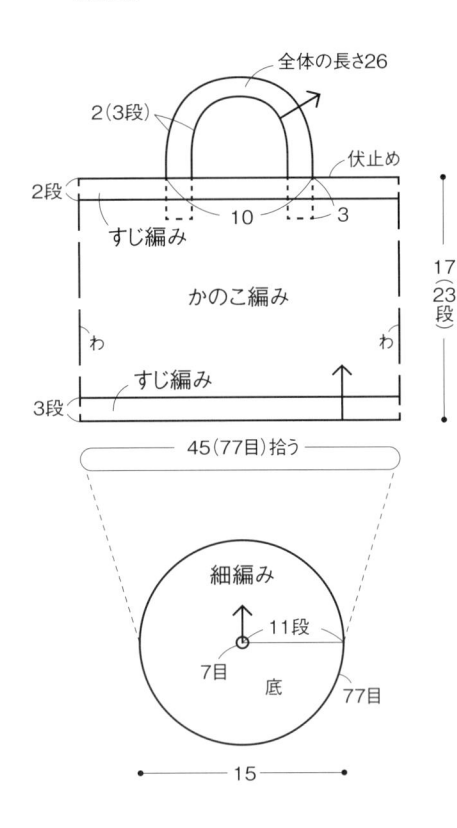

[底の編み方]

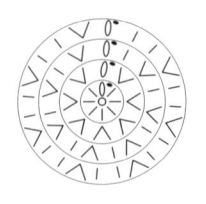

｜ … 細編み
∨ … 細編みの増し目

※毎段位置をずらして7目ずつ増して11段編む

[仕上げ]

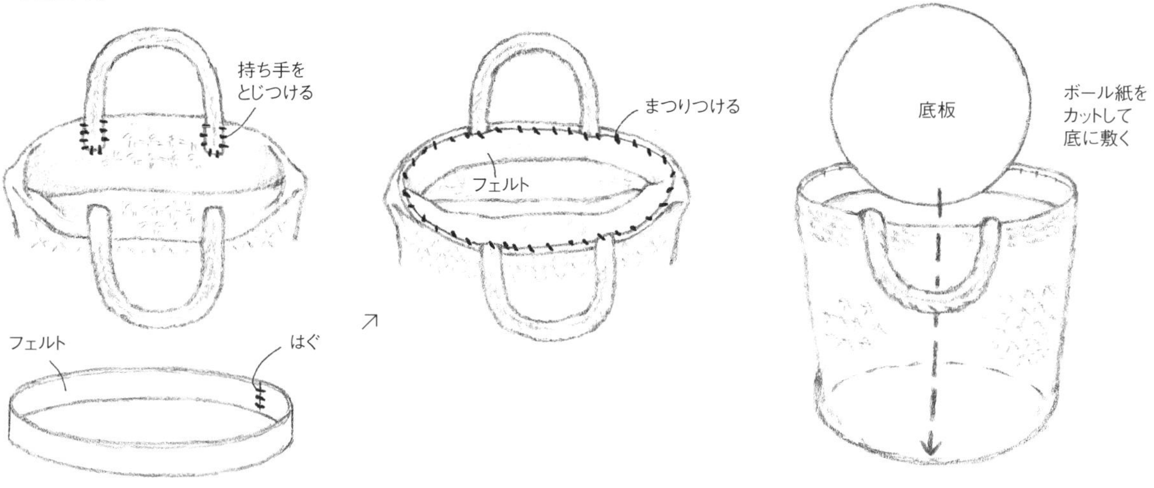

持ち手をとじつける
まつりつける
底板
ボール紙をカットして底に敷く
フェルト
はぐ

ミニケープ →写真26、27ページ

● 材料
パピーソフトドネガル：グレー(5221)、
ダークグリーン(5202) 各120g
● 用具
10号ダブルフックアフガン針
8/0号かぎ針

● 出来上り寸法
着丈32cm、裾回り126cm、肩幅48cm
● 編み方
＊メインカラーはグレー、サブカラーはダークグリーン

＊作り目はダークグリーンで201目作る
＊1段め：メインカラーで表編み
＊2段め以降は編み方図参照

[製図]

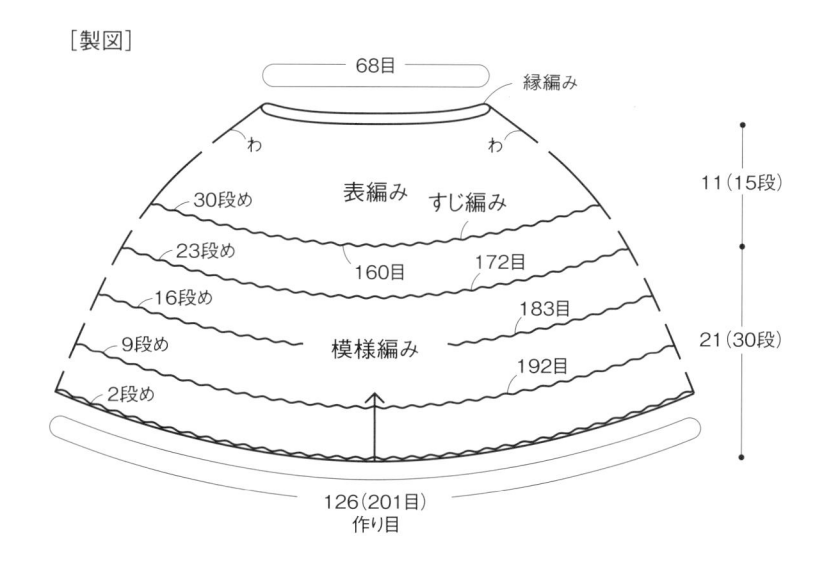

68目
縁編み
わ　　わ
30段め
23段め　表編み　すじ編み
　　　160目　172目
16段め
　　　　　183目
9段め　模様編み
2段め　　　192目
126(201目)
作り目

11(15段)
21(30段)

[縁編み] 8/0号かぎ針

59

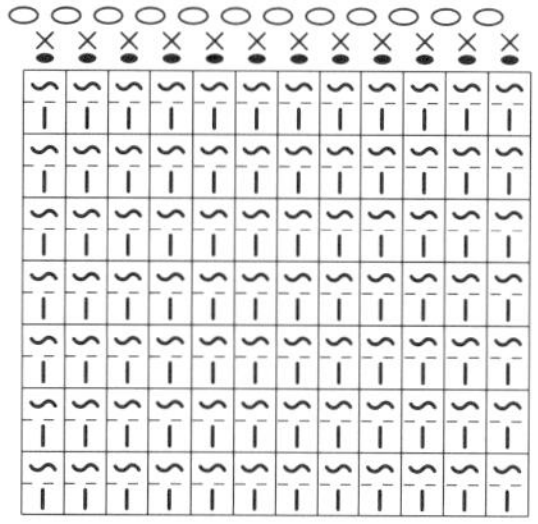

[編み方]

〈31段〜38段〉 表編み

38段…130目
37段…130目
14目ごとに2目一度を10回
35段…140目
15目ごとに2目一度を10回
33段…150目
16目ごとに2目一度を10回
31段…160目

〈1段〜30段〉 模様編み

すじ編み
1目ゴム編み
すじ編み
かのこ編み
すじ編み
1目ゴム編み
すじ編み
かのこ編み

30段…160目に減し目
14目ごとに2目一度×2回
15目ごとに2目一度×1回
↓
これを4回繰り返す

23段…172目に減し目
20目ごとに2目一度×2回
21目ごとに2目一度×1回
↓
これを3回繰り返す

16段…183目に減し目
21目ごとに2目一度×2回
22目ごとに2目一度×1回
↓
これを3回繰り返す

9段…192目に減し目
22目ごとに2目一度×2回
23目ごとに2目一度×1回
↓
これを3回繰り返す

2段め…すじ編み
1段め

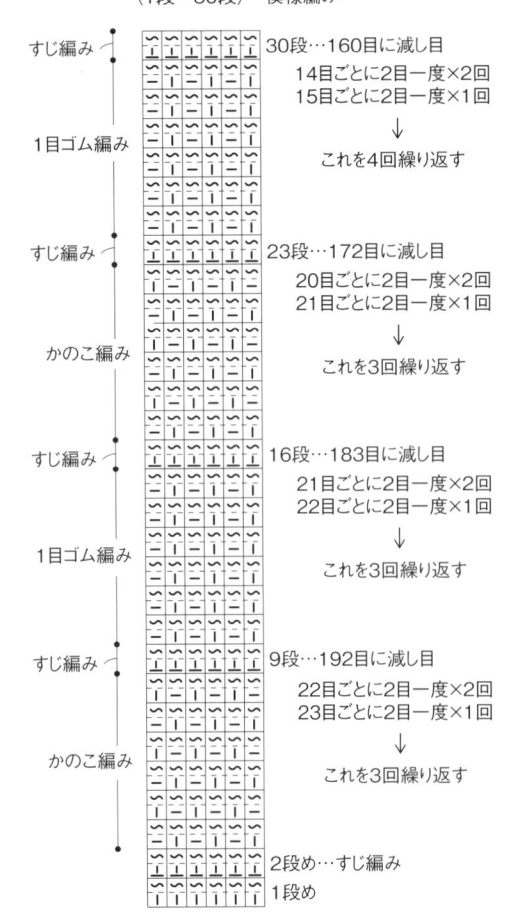

〈39段〜45段〉 表編み

45段…68目
44段…82目
43段…100目
41段…110目
39段…120目

*39段め：14目めに2目一度、10目ごとに2目一度×5回、24目めに2目一度、14目ごとに2目一度×3回で120目に減し目
*41段め：13目めに2目一度、9目ごとに2目一度×5回、23目めに2目一度、13目ごとに2目一度×3回で110目に減し目
*43段め：12目めに2目一度、8目ごとに2目一度×5回、22目めに2目一度、12目ごとに2目一度×3回で100目に減し目
*44段め：4目ごとに2目一度×4回、16目めに2目一度、4目ごとに2目一度×8回、20目めに2目一度、4目ごとに2目一度×4回で82目に減し目
*45段め：3目ごとに2目一度×3回、23目めに2目一度、3目ごとに2目一度×6回、23目めに2目一度、3目ごとに2目一度×3回で68目に減し目
*伏止めをしてそのままかぎ針で縁編みをする

ミニマフラー →写真30ページ

- ●材料
  クロバーアルパカコットン：生成り（61-227）、グレー（61-229）各30g
- ●用具
  6号ダブルフックアフガン針
  6/0号かぎ針
- ●編み方

[本体：長編みのリバーシブル編み]
＊グレーで20目作り目。グレーと生成りを交互に、長編みのリバーシブル編みで、108段編む。グレーで伏止めをする

[縁編み]
＊伏止めのグレーの糸で続けて長辺の縁編みをする。作り目側にスカラップ風飾り編みをして糸を切る。もう一方の長辺に生成りの糸をつけて縁編みをし、編終り側にグレーと同じように端にスカラップ風飾り編みをする

[製図]

長編みのリバーシブル編み
伏止め
約120
108段
9.5
(20目)
作り目

[編み方と縁編み]

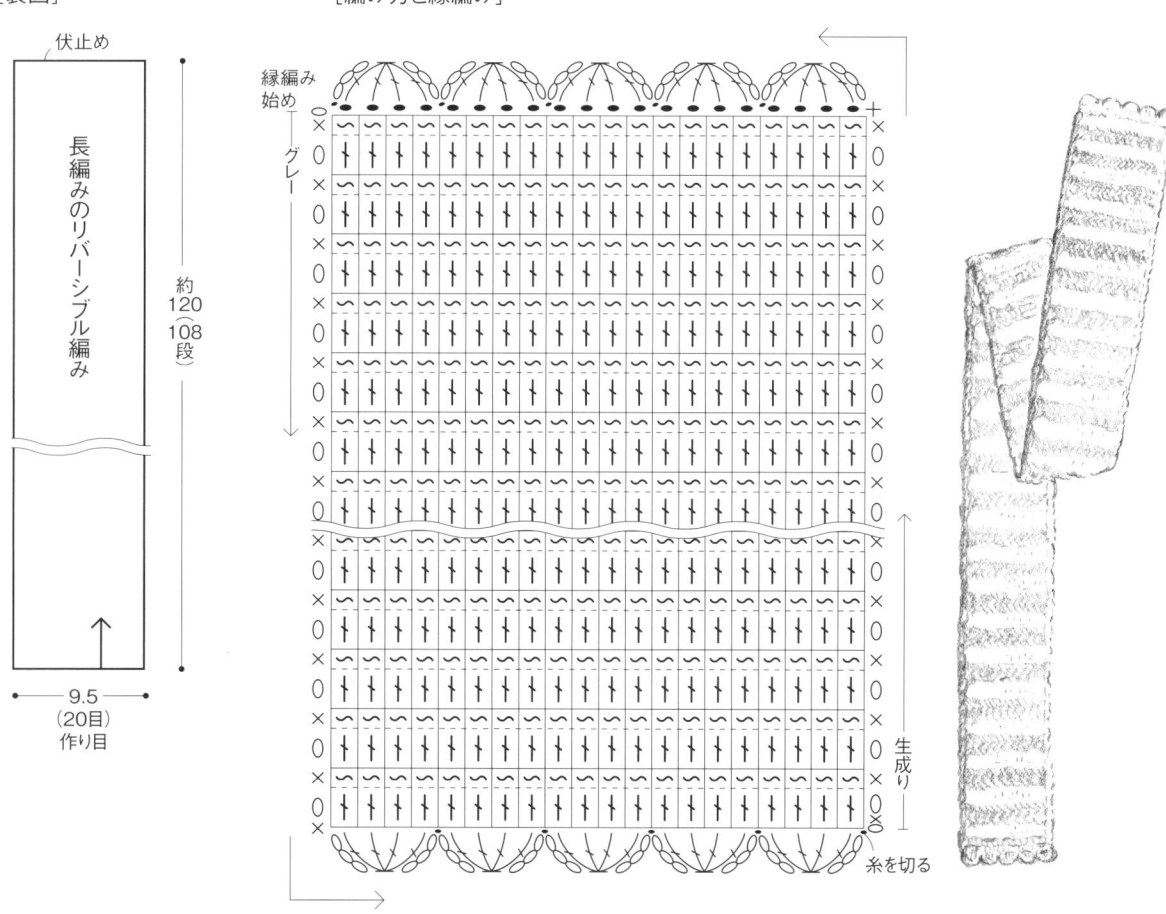

縁編み始め
グレー
生成り
糸を切る

フェルティングバッグ →写真31ページ

- ●材料
- ておりやロービングウール1055：鉄紺(06)、こげ茶色(12)各45g
- 持ち手：幅2cm、長さ25cm
- ボタン：直径1.5cm 4個
- フェルトテープ：3cm幅48cm
- ●用具
- 8号ダブルフックアフガン針
- 8/0号かぎ針
- ●出来上り寸法（フェルティング後）
- 幅23.5cm、高さ15cm
- ●編み方
- *メインカラー、底の細編みはこげ茶色
- *サブカラー、伏止めは鉄紺
- [底：かぎ針で細編み]
- *22目作り目をし、図を参照して増し目をしながら6段編み、全体で84目にする
- [側面：アフガン針で輪に編む]
- *1段め：メインカラーで底の84目から84目拾って表編み
- *2～7段：模様編み
- *8段め：すじ編み
- *9～14段：模様編み
- *15段め：すじ編み
- *16～21段：模様編み
- *22～24段め：すじ編み
- *伏止めはすじ編みの要領で行なう
- ●仕上げ
- *フェルティングをしてから持ち手をつける
- *持ち手を隠すように袋口にフェルトテープをつけ(59ページ参照)、表からボタンをつける
- ●ポイント〈フェルティングの方法〉
- 編み上がったら洗濯ネットに入れて、木綿を洗うのと同じ方法で洗う。時間は30分。これを2、3回繰り返して好みのサイズまで縮める。

[製図]

[編み方]

[底の編み方]

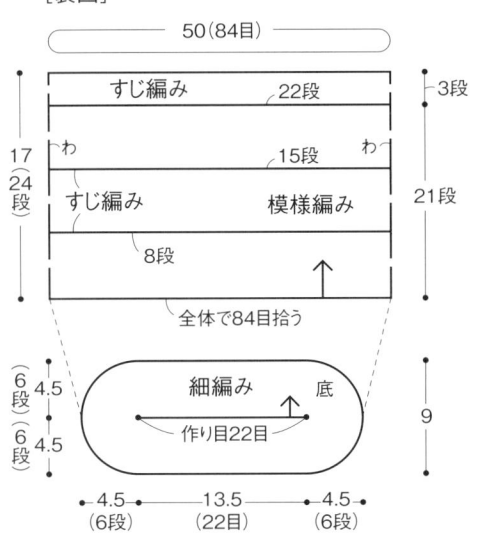

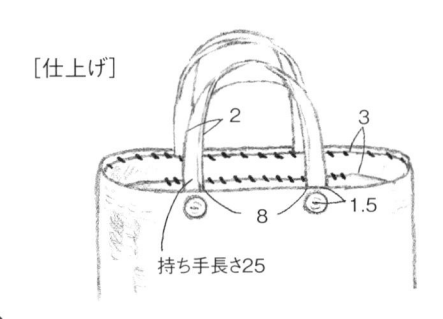

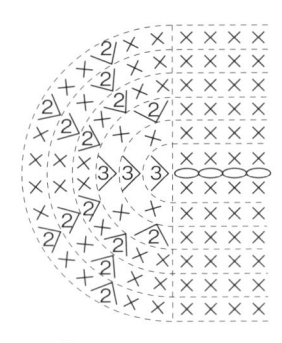

⦆3⦆…1目に3目編み入れる
⦆2⦆…1目に2目編み入れる

[仕上げ]

ボレロ →写真32、33ページ

- ●材料
パピーアルパカリミスト：ベージュ段染め(702)320g(8玉)
- ●用具
6号ダブルフックアフガン針
5/0号かぎ針
- ●出来上り寸法
着丈45cm、胸回り43cm、袖丈22cm
- ●編み方
＊メインカラーとサブカラーは別々の糸玉から使用

[身頃：リバーシブル編み]
＊作り目100目
＊1～22段め：リバーシブル長編み
＊23段め：38目編んだら38目伏止めして残り24目を編む。まとめ編みでは24目編み、38目鎖編み、38目編む
＊24～68段め：リバーシブル長編み
＊69段め：23段めと同じ編み方
＊70～92段め：リバーシブル長編み

[袖：長編みで輪に編む]
＊拾い目80目
＊1段め：表編み
＊2～19段め：長編み

[縁編み]
図を参照してかぎ針で編む

- ●ポイント
＊袖の目を拾うときは伏止めと作り目の間で2目ずつ拾い、全体で80目にする

[製図]

★袖は、本体の片方38目に両端で1目ずつ拾って片側40目拾う。同じようにもう片方も40目拾って輪に編む

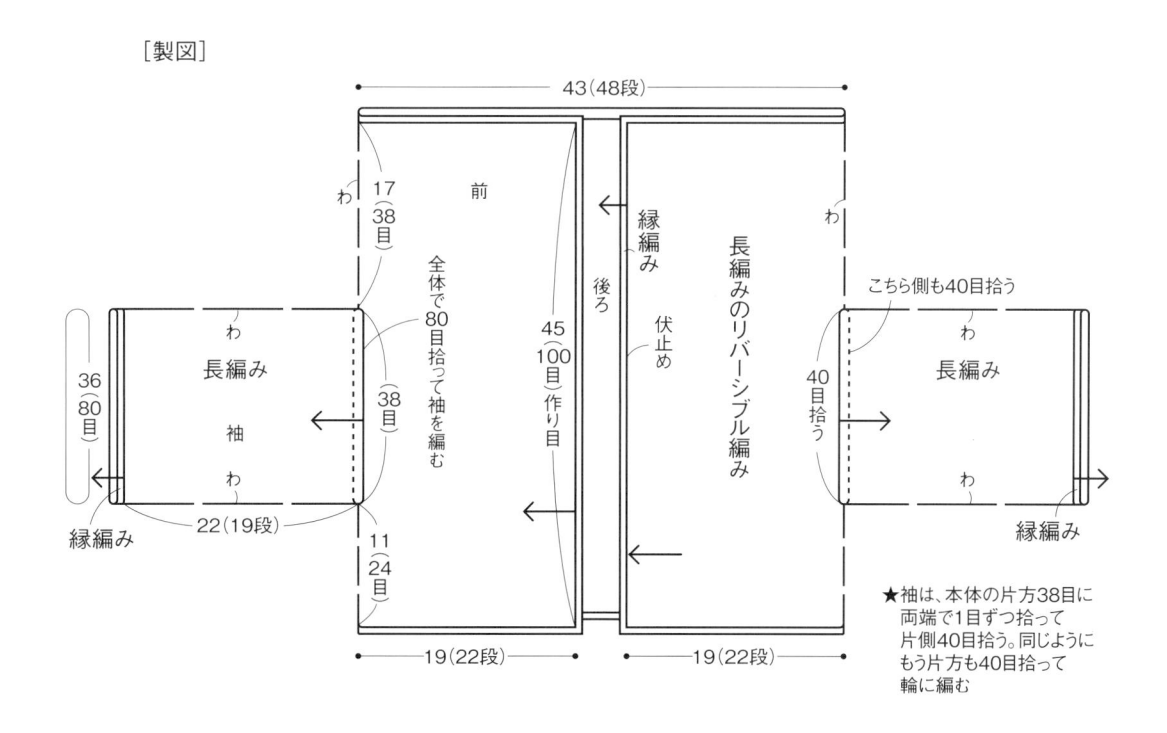

[縁編み] 〈本体〉　上下端　〈袖口〉

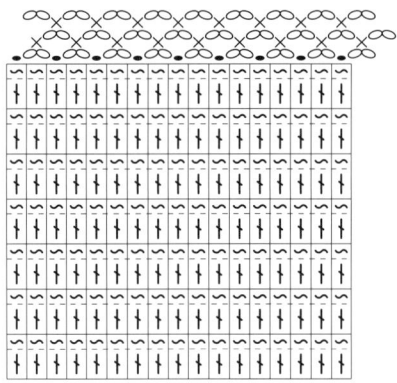

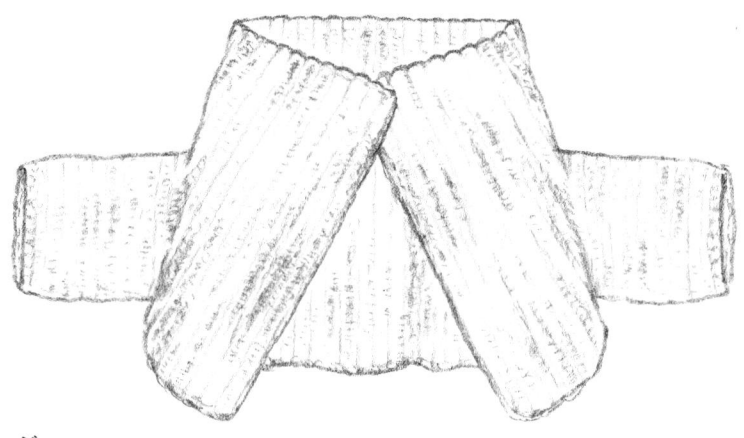

↑
前端

飾りつきキャップ →写真36ページ

- ●材料
  ておりやモークウールB：こげ茶色（10）、オリーブグリーン（04）各45g
- ●用具
  10号ダブルフックアフガン針
  8号棒針
- ●編み方
  [キャップ]
- ＊作り目はサブカラー（こげ茶色）で88目作り、輪にする
- ＊1段め：メインカラー（オリーブグリーン）で表編み
- ＊2、3段め：すじ編み
- ＊4～20段め：増減なしでツイル編みにする
- ＊21～26段め：毎段均等に4目減し目をして64目にする
- ＊27～29段め：毎段均等に8目減し目をして40目にする
- ＊30～32段め：毎段2目ごとに減し目をして5目にする
- ＊伏止めをして絞る

[巻きばら]
- ＊オリーブグリーンで8目作り目をしてメリヤス編みにする
- ＊1段め：表編み8目
- ＊2段め：裏編みで1目ごとに増し目をして16目にする
- ＊3段め：表編みで2目ごとに増し目をして24目にする
- ＊裏編みで伏止めする

[葉]
- ＊オリーブグリーンで3目作り目をしてメリヤス編みにする
- ＊1段め：裏編み
- ＊2～6段め：図のように増し目をして9目にする
- ＊7～9段め：増減なし
- ＊10～14段め：図を参照して減し目をして3目にする
- ＊15段め：3目一度

●ポイント
巻きばらと葉をバランスよくキャップに縫いつける

[製図]

〈キャップ〉
- 5目
- わ ツイル編み ダブルフックアフガン針10号 わ
- すじ編み
- 8.5(12段)
- 14(17段)
- 1.5(3段)
- 55(88目)作り目

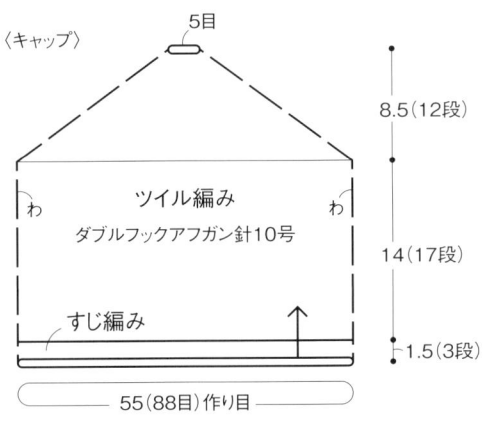

[編み方]

〈キャップ〉
- 32段め(5目)
- 31段め(10目)
- 30段め(20目)
- 5回繰り返す
- 29段め(40目)
- 26段め(64目)
- 20段め(88目)
- 4回繰り返す

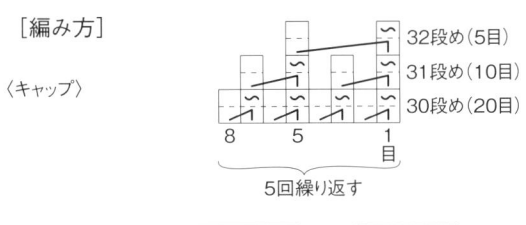

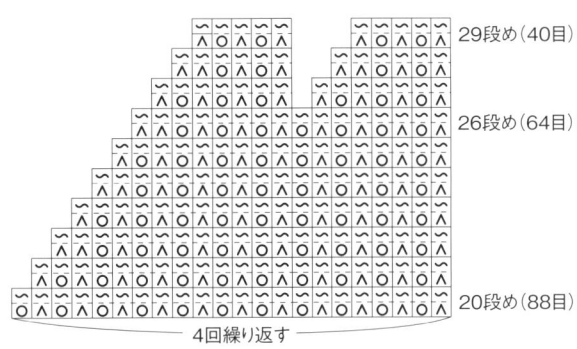

〈巻きばら〉
- 24目伏止め
- メリヤス編み 8号棒針
- 2(4段)
- 5(8目)作り目
- 伏止め
- 3・2・1段
- 3 2 1目

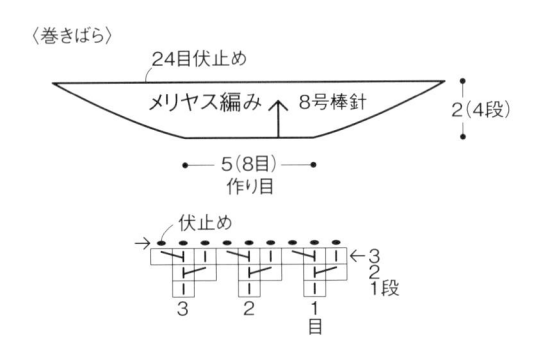

〈葉〉 8号棒針
- 15
- 10
- 5
- 1段
- 3目作り目

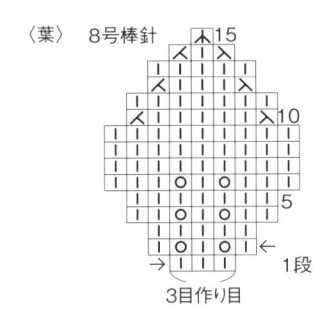

[仕上げ]
- 5目絞る
- 巻いて根もとをまとめて縫う
- まつる

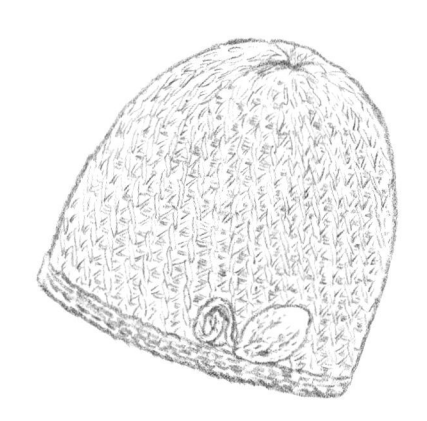

65

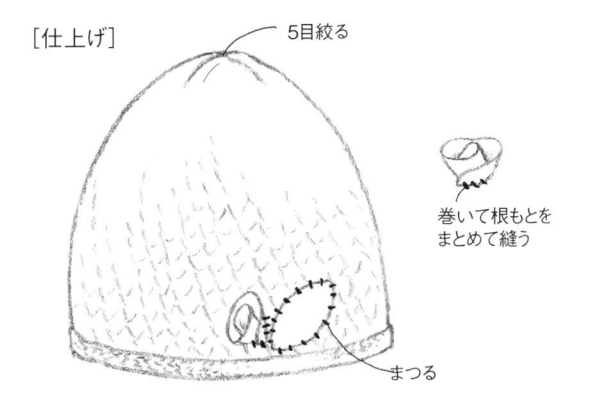

チェアカバー＆チェアマット　→写真38、39ページ

●材料
ておりやモークウールB：カーキ色(09)、灰緑色(18)各160g
わた：適宜
●用具
10号ダブルフックアフガン針
8/0号かぎ針
●出来上り寸法
〈チェアカバー〉
幅35cm、長さ30cm
〈チェアマット〉
横34cm、縦30cm

●編み方
〈チェアカバー〉
＊メインカラーはカーキ色、サブカラー、作り目と伏止め、ポンポンは灰緑色
＊作り目127目
＊1段め：メインカラーで表編み
＊2、3段め：すじ編み
＊4～38段め：クロス編み
＊伏止めをしてポンポンをつける
〈チェアマット〉
＊メインカラー、細編み、ひもは灰緑色、サブカラーはカーキ色
＊作り目123目
＊1段め：表編み
＊2～38段め：クロス編み
＊伏止めをして、両端を細編みでとじ合わせる
＊ひもを作って角に縫いつける
●ポイント
＊チェアカバーは使用する椅子のサイズに合わせて目数を調節する
＊チェアマットも好みの大きさで作る

[製図]

〈チェアカバー〉
ポンポン
とじ合わせる
わ
クロス編み
すじ編み
30(38段)
35段
3段
70(127目)作り目

メインカラー…カーキ色
サブカラー、作り目、伏止め、ポンポン…灰緑色

〈チェアマット〉
わ
クロス編み
30(38段)
68(123目)作り目

メインカラー、細編み、ひも…灰緑色
サブカラー…カーキ色

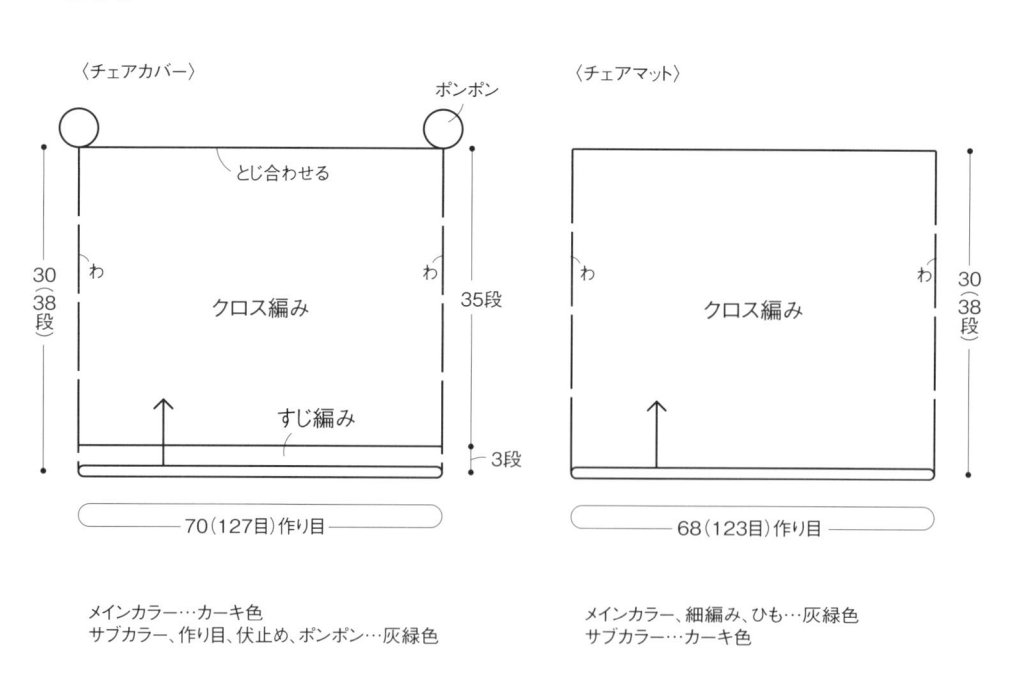

[仕上げ]

縫いつける

2枚合わせて細編みで
とじ合わせる

チェアマット

長さ48

[ひもの編み方] 2本作る

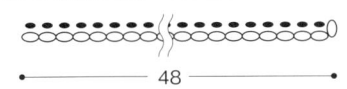

← 48 →

[ポンポンの作り方]

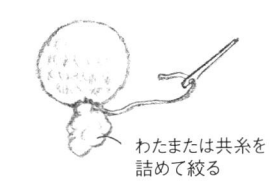

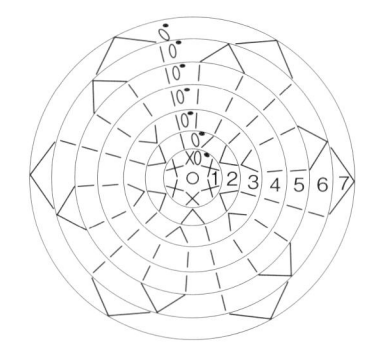

わたまたは共糸を
詰めて絞る

糸輪に細編み6目編み入れる

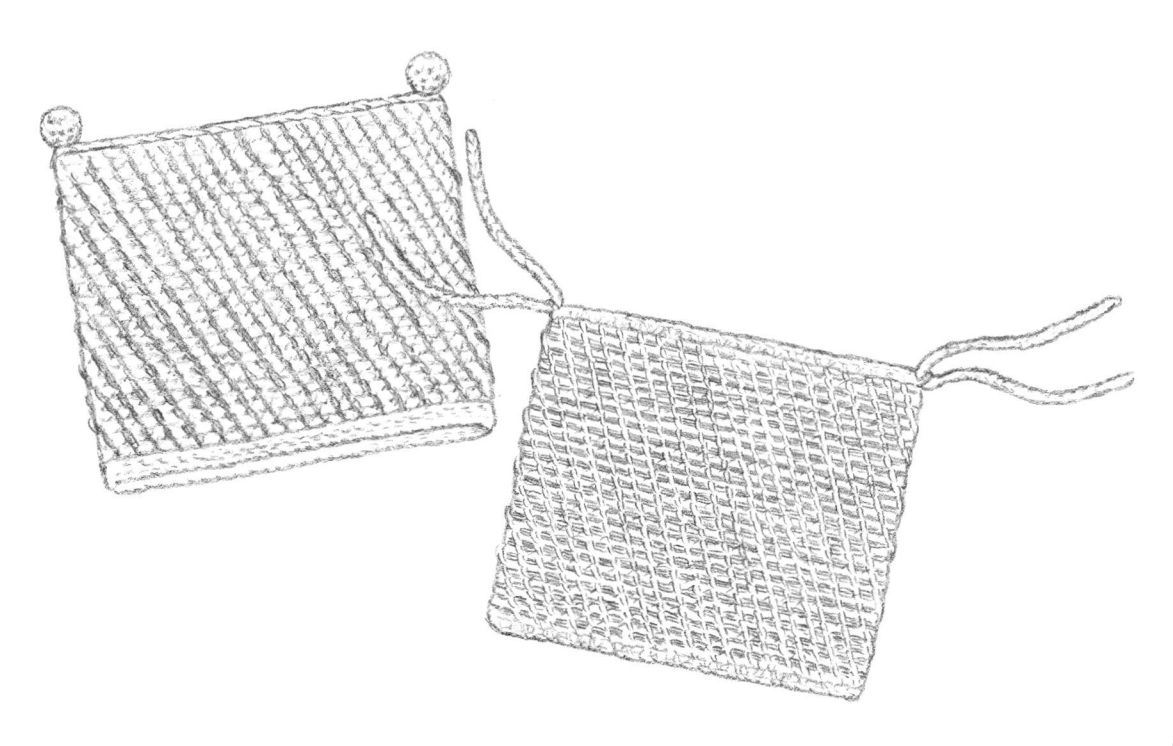

段	目
7	6
6	12
5	18
4	18
3	18
2	12
1段め	6目

小さな物入れ →写真37ページ

- ●材料
- 荷造り用細麻ひも：30g
- ペーパーヤーン：10g
- ボール紙：7cm角
- ●用具
- 8号ダブルフックアフガン針
- 8/0号かぎ針
- ●編み方
- [底：かぎ針を使って麻ひもで細編み]
- ＊1段め：糸輪に8目編み入れる
- ＊2段め：16目に増し目
- ＊3段め：24目に増し目
- ＊4段め：32目に増し目
- ＊5段め：40目に増し目
- [本体：アフガン針を使ってペーパーヤーンと麻ひもで輪に編む]
- ＊底から拾い目し、ペーパーヤーンで往き目を編み、麻ひもでまとめ編みをして10段編む
- ＊最後は麻ひもで伏止めをする
- [縁編み：かぎ針編み]
- 図を参照して、麻ひもで引抜き編みと鎖編みで仕上げる
- ●ポイント
- ＊ペーパーヤーンは水で湿らせながら編む
- ＊底から本体を編み始めるとき、裏面を上にして、細編みの最後の段の鎖の上の部分だけに針を差し込んで編み始める。こうすると鎖部分の片方が表に残り、すっきりと本体が立ち上がる
- ＊ボール紙を直径7cmの円にカットして中に敷く

[製図]

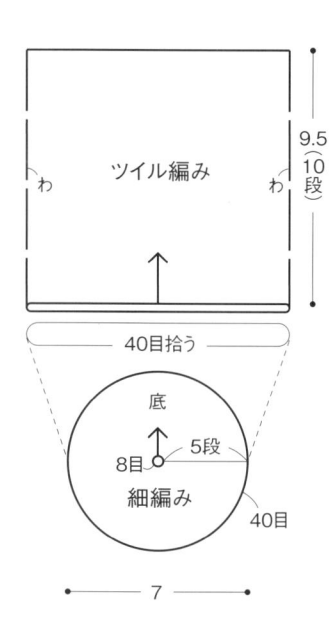

[編み方と縁編み]

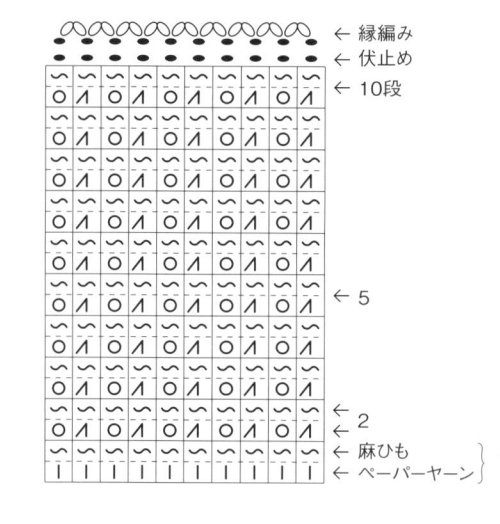

底部分最後の細編みの鎖目が表に残った状態

クロス編みの靴下　→写真40ページ

- ●材料
パピーシェットランド：金茶(46)60g、青(16)55g
- ●用具
6号ダブルフックアフガン針
6/0号かぎ針
- ●編み方
[カフス：輪編み]
 * 青で48目作り目
 * 1～9段め：2目ゴム編み
 * 10段め：すじ編み
 * 11～18段め：クロス編み

[かかと：金茶で平らに表編み（編み方は53ページ参照）]
 * 19段め：24目を表編み
 * 20～27段め：毎段両端で2目一度の減し目をして8目になるまで編む
 * 28段め：8目を表編み
 * 29～36段め：毎段両端で1目増し目をして24目になるまで編む

[甲と底：輪でクロス編み]
 * 37～59段め：18段めで休ませてあった24目と合わせて48目にしてクロス編み

[つま先：金茶で平らに表編み]
かかとと同じ編み方。最後は休ませてあった24目と一緒に引抜きとじをする（※）

※アフガン針にかかっている目と残っている目にかぎ針を差し込み、糸をかけて引き抜く。これを目がなくなるまで行なう

- ●ポイント
カフスの端に縁編みをする

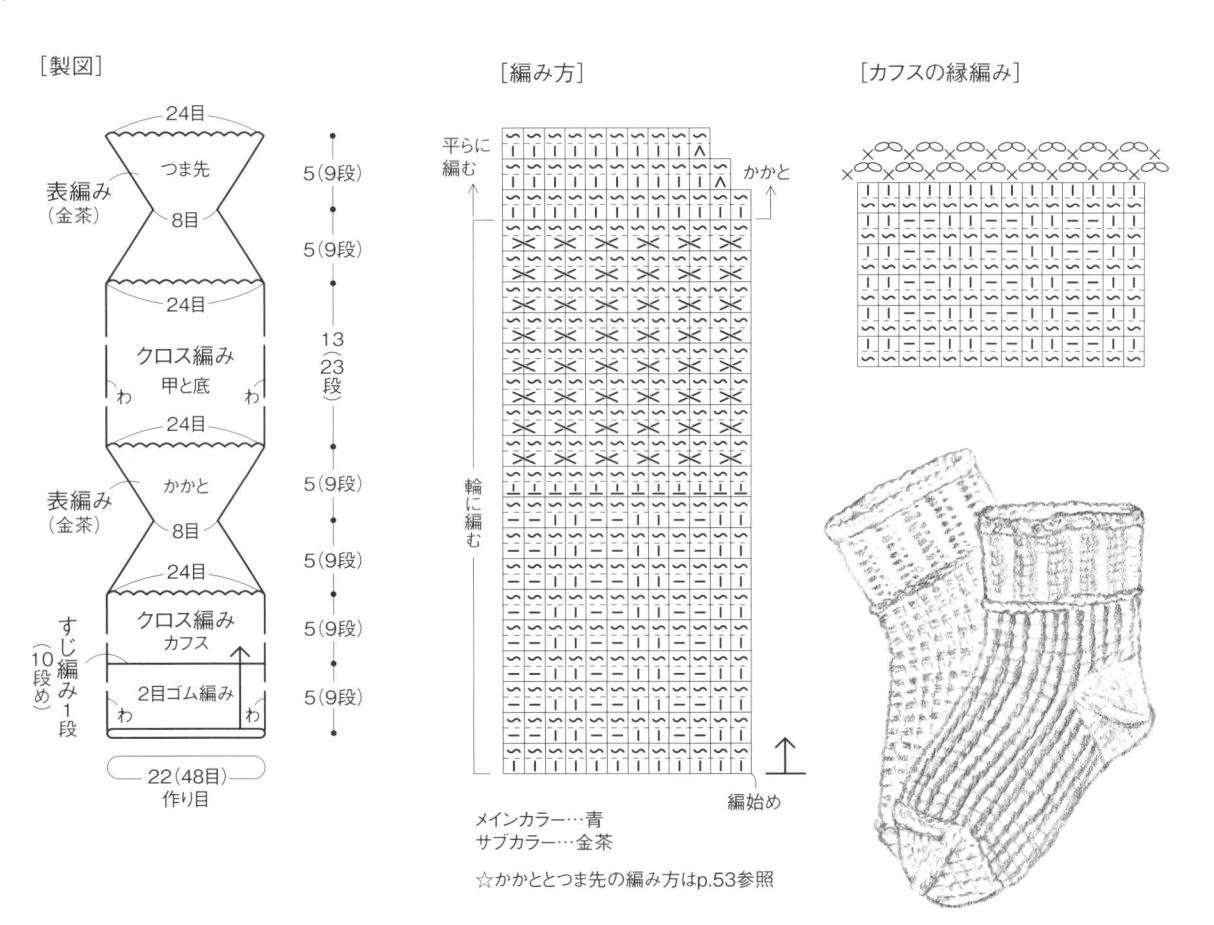

[製図]

[編み方]
メインカラー…青
サブカラー…金茶
☆かかととつま先の編み方はp.53参照

[カフスの縁編み]

かぎ針編みの基本テクニック

[糸端で輪を作る作り目]　糸端で輪を作って、その中に編み入れる方法

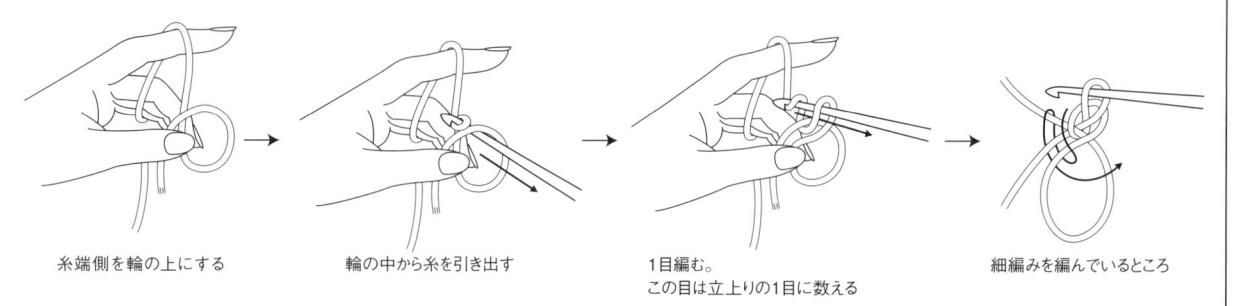

糸端側を輪の上にする　→　輪の中から糸を引き出す　→　1目編む。この目は立上りの1目に数える　→　細編みを編んでいるところ

[編み目記号と編み方]

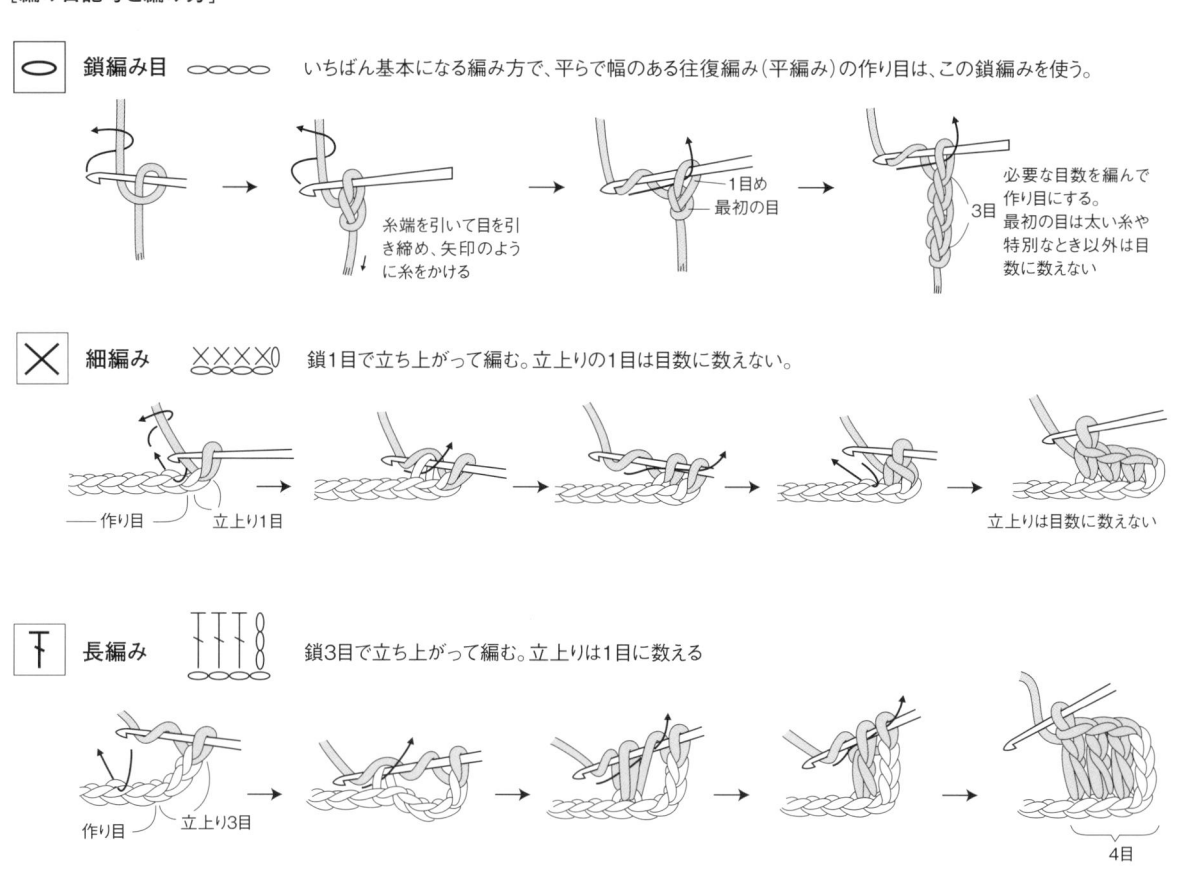

○　鎖編み目　いちばん基本になる編み方で、平らで幅のある往復編み（平編み）の作り目は、この鎖編みを使う。

糸端を引いて目を引き締め、矢印のように糸をかける　→　1目め／最初の目　→　3目

必要な目数を編んで作り目にする。最初の目は太い糸や特別なとき以外は目数に数えない

✕　細編み　鎖1目で立ち上がって編む。立上りの1目は目数に数えない。

作り目／立上り1目　→　→　→　→　立上りは目数に数えない

T　長編み　鎖3目で立ち上がって編む。立上りは1目に数える

作り目／立上り3目　→　→　→　→　4目

引抜き編み

細編みを1目増す

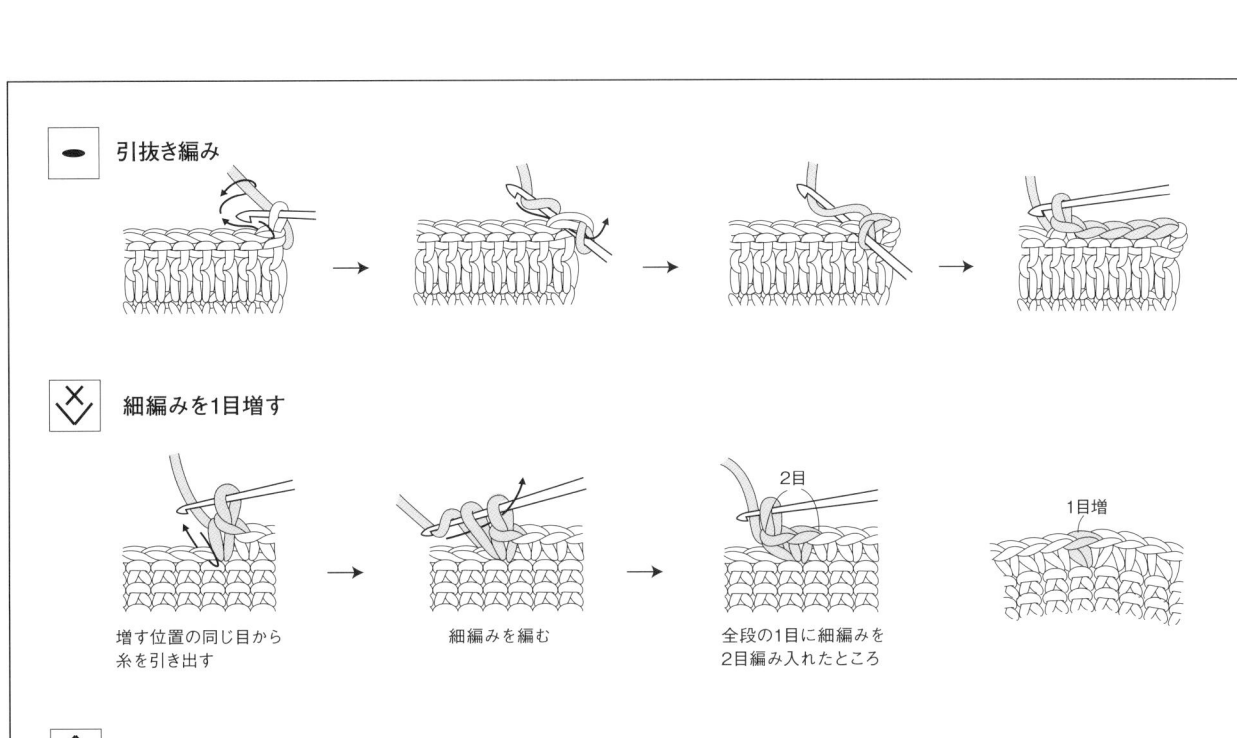

増す位置の同じ目から糸を引き出す

細編みを編む

全段の1目に細編みを2目編み入れたところ

1目増

2目

細編みを1目減らす

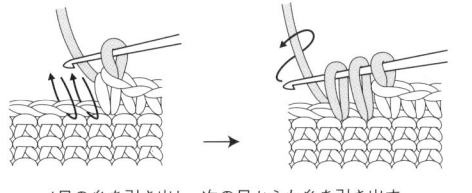

1目の糸を引き出し、次の目からも糸を引き出す

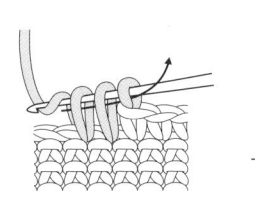

針に糸をかけ、一度に引き抜く

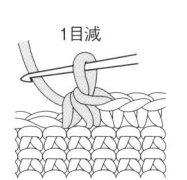

細編み2目1度といい、1目と数える

1目減

畝編み　前段の鎖の向う側だけを拾って編む

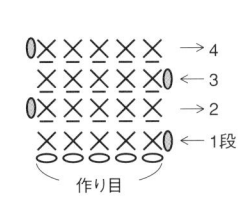

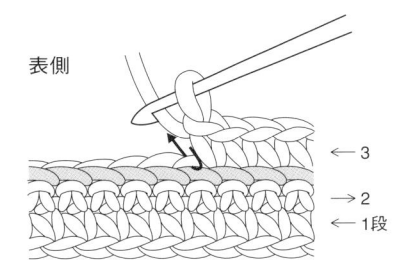

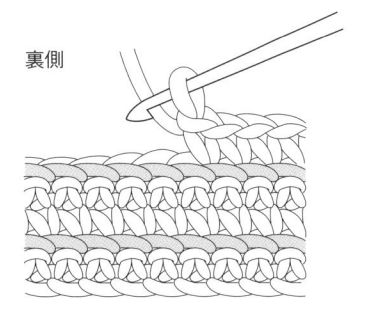

表側

裏側

→ 4
← 3
→ 2
← 1段
作り目

← 3
→ 2
← 1段

林 ことみ（はやし・ことみ）

ソーイング、刺繡、ニットなどのハンドメイドの分野で広く活躍。
現在、北欧各地で開催されているニットシンポジウムに参加し、
多くのテクニックを学んで2009年には、日本開催の主催者を務める。
著作監修をした類書に『ヴィヴィアンの楽しいドミノ編み』『ビーズニッティング』
『北欧ワンダーニット』『北欧ミラクルニット』『ニットであったか冬じたく』
『ニッティングレース』『編み地を楽しむリストウォーマー』『表編みと裏編みだけのパターン125』
（以上文化出版局刊）がある。
http://knitstrik.exblog.jp/

ブックデザイン　岡山とも子
撮影　南雲保夫
モデル　乃里子
ヘア＆メーク　鈴木紀子
デジタルトレース、イラスト　常葉桃子（しかのるーむ）
校閲　杉田久子
編集　志村八重子
　　　宮﨑由紀子（文化出版局）

●参考資料
COMPLETE GUIDE TO NEEDLEWORK/Reader's Digest
NUOVA ENCICLOPEDIA DEI LAVORI FEMMINILI/Mani di Fata

●用具、素材提供
クロバー（用具、編み糸）〒537-0025　大阪市東成区中道3-15-5　tel.06-6978-2211
ておりや（オリジナル毛糸、オステルヨートランド毛糸）〒530-0041　大阪市北区天神橋2-5-34　tel.06-6353-1649
ダイドーインターナショナルパピー事業部（パピー毛糸）〒101-8619　東京都千代田区外神田3-1-16　tel.03-3257-7135

●撮影協力
北の住まい設計社　〒158-0082　東京都世田谷区等々力5-31-16　tel.03-3701-7206

アフガン編みいろいろ
シングルフックとダブルフック

2011年9月5日　第1刷発行
2016年6月29日　第5刷発行
著　者　林ことみ
発行者　大沼淳
発行所　学校法人文化学園 文化出版局
　　　　〒151-8524　東京都渋谷区代々木3-22-1
　　　　tel.03-3299-2460（編集）　03-3299-2540（営業）
印刷・製本所　株式会社文化カラー印刷
©Kotomi Hayashi 2011　Printed in Japan
本書の写真、カット及び内容の無断転載を禁じます。

・本書のコピー、スキャン、デジタル化等の無断複製は著作権法上での例外を除き、禁じられています。
　本書を代行業者等の第三者に依頼してスキャンやデジタル化することは、たとえ個人や家庭内での利用でも著作権法違反になります。
・本書で紹介した作品の全部または一部を商品化、複製頒布、及びコンクールなどの応募作品として出品することは禁じられています。
・撮影状況や印刷により、作品の色は実物と多少異なる場合があります。ご了承ください。

文化出版局のホームページ　http://books.bunka.ac.jp/